# React

## Desarrolle el Front End de sus aplicaciones web y móviles con JavaScript

Hakim Madani

ISBN: 978-2-409-04604-9
Edición original: 978-2-409-04326-0



**Ediciones ENI**

P° Ferrocarriles Catalanes, 97-117, 2a pl. of. 18
08940 - Cornellà de Llobregat (Barcelona)

Tel: 934 246 401
Fax: 934 231 576

e-mail: info@ediciones-eni.com
http://www.ediciones-eni.com

Autor: Hakim MADANI
Edición española: Roberto SALAS
Colección **Expert IT** dirigida por Émilie VILLETORTE

# Contenido

Podrá descargar algunos elementos de este libro en la página web de Ediciones ENI: **http://www.ediciones-eni.com**.
Escriba la referencia ENI del libro **EITREACT** en la zona de búsqueda y valide. Haga clic en el título y después en el botón de descarga.

## Capítulo 1
## Prólogo

## Capítulo 2
## Empezar bien con React

**Capítulo 3**
## Descubrir el JSX

## Capítulo 4
## Los fundamentos de React

## Capítulo 5
## Gestión del estado

**Capítulo 6**

## Gestión del estado del servidor con React Query

## Capítulo 7
## Desarrollo móviles con React Native



## Capítulo 8
## Funciones avanzadas con React Native

## Capítulo 9
## Next.js, el framework React por Vercel

## Capítulo 10
## Introducción a Storybook

## Capítulo 11
## Conectar React a una API GraphQL



## Capítulo 12
## Dominar los design patterns de React

## Capítulo 13
## Probar una aplicación React

**Conclusión**

# Capítulo 1
# Prólogo

## 1. Introducción

«React» es una de las bibliotecas JavaScript más populares para desarrollar interfaces de usuario interactivas y dinámicas. Este libro ha sido diseñado para acompañarle en su aprendizaje. Este prólogo es una introducción teórica y una presentación general de React.

### 1.1 A quién va dirigido este libro

Este libro está dirigido a cualquier persona interesada en crear aplicaciones web modernas y de alto rendimiento utilizando React. Independientemente de su nivel de experiencia en desarrollo, ya sea que esté comenzando o que ya tenga un conocimiento profundo de JavaScript, esta guía le ayudará a profundizar en sus habilidades y a desarrollar su comprensión de React.

Si usted es un desarrollador web y ha trabajado con otros frameworks o bibliotecas JavaScript, en este libro encontrará una introducción completa a los conceptos específicos de React, así como consejos y buenas prácticas para aprovechar al máximo esta tecnología.

Para principiantes en desarrollo, este libro proporcionará los fundamentos esenciales para comenzar a construir aplicaciones con React. El objetivo es guiarlo paso a paso a través de los conceptos fundamentales, proporcionando ejemplos prácticos para fortalecer su comprensión.

## 1.2 ¿Por qué elegir React?

React ha revolucionado el desarrollo front-end desde su lanzamiento por Facebook en 2013. Con su enfoque basado en componentes, React permite dividir una aplicación en partes reutilizables, facilitando así el mantenimiento y la actualización del código.

El éxito de React se debe a muchas razones. Aquí están algunas de las principales características que han contribuido a su popularidad:

### 1.2.1 Reactividad

React hace que el desarrollo web sea más dinámico al permitir la actualización selectiva y eficiente de la interfaz de usuario, a medida que cambian los datos. Gracias al DOM (Document Object Model) virtual, React optimiza las actualizaciones y mejora el rendimiento de las aplicaciones.

### 1.2.2 Composabilidad

Con React, puedes crear componentes reutilizables que encajan entre sí para formar interfaces complejas. Este enfoque fomenta la modularidad del código, lo que facilita el mantenimiento, las pruebas y la colaboración dentro de un equipo de desarrollo.

### 1.2.3 Comunidad activa

La comunidad de React es una de las más grandes y activas en el ecosistema JavaScript. Encontrará numerosos paquetes, herramientas y recursos para mejorar su workflow (método de trabajo) y ayudarle a resolver problemas específicos.

### 1.2.4 React Native

Además del desarrollo web, React ha extendido su influencia al desarrollo de aplicaciones móviles gracias a React Native. Al utilizar el mismo lenguaje y enfoque de desarrollo, se pueden crear aplicaciones móviles multiplataforma con una única base de código.

Ya sea que desee desarrollar aplicaciones web o móviles, React es una opción de primera clase que merece ser explorada.

## 1.3 Cómo utilizar este libro

Este libro está diseñado para ser un recurso práctico y completo para aprender React. Aquí tienes algunos consejos para aprovechar al máximo su contenido.

Lea de manera secuencial. Este libro sigue una progresión lógica, por lo tanto, se recomienda leerlo en orden para construir sus conocimientos gradualmente. Los conceptos tratados en los primeros capítulos son esenciales para comprender los siguientes.

Experimente con los ejemplos de código. Cada concepto viene acompañado de ejemplos prácticos de código. No dude en escribirlos en su editor de código y ejecutarlos para comprender mejor su funcionamiento. Tambien no dude en modificarlos y enriquecerlos.

Formule preguntas y explore. Si tiene preguntas específicas o desea obtener más información sobre un tema en particular, no dude en explorar los recursos recomendados en el libro o hacer preguntas a la comunidad React.

Por último, manténgase atento a los nuevos desarrollos. El desarrollo web evoluciona rápidamente, y React no es una excepción a esta tendencia. No dude en explorar las actualizaciones y las nuevas características de React a medida que avanza. Incluso durante la redacción de este libro, han surgido algunas tendencias y otras se han vuelto menos comunes.

### 1.4 Acerca de los ejemplos de código

Los ejemplos de código son una forma eficaz de aprender. Cada concepto que abordemos estará acompañado de ejemplos prácticos para ayudarlé a visualizar y comprender su funcionamiento.

Estos ejemplos pretenden ser claros y concisos. Una vez más, no duden en utilizarlos como punto de partida para sus propios proyectos o para experimentar variaciones con el fin de comprender mejor el funcionamiento de React.

## 2. ¿Qué es React?

### 2.1 Introducción a React

#### 2.1.1 Origen de React

React fue inicialmente desarrollado por Jordan Walke, un ingeniero de Facebook, y se desplegó internamente por primera vez en 2011. En 2013, Facebook decidió publicar React como código abierto, lo que permitió a desarrolladores de todo el mundo contribuir y utilizarlo libremente.

#### 2.1.2 Objetivo de React

El principal objetivo de React es facilitar la creación de interfaces de usuario evolutivas y reactivas para aplicaciones web. Al ofrecer un enfoque declarativo y compuesto, React permite a los desarrolladores crear componentes reutilizables y ensamblarlos para formar interfaces complejas.

#### 2.1.3 ¿Por qué es tan popular React?

React ha crecido rápidamente desde su lanzamiento, y esto se debe a varios factores:

DOM virtual y rendimiento optimizado: este término se abordara con más detalle más adelante, pero si alguna vez has trabajado con JavaScript, saben que el DOM no es la API más eficiente que se haya podido inventar.

En términos sencillos, es la interfaz de programación que un navegador web nos proporciona para interactuar con una página web. El DOM virtual permite a React actualizar únicamente las partes modificadas de la interfaz de usuario para minimizar las interacciones con el DOM real, mejorando así considerablemente el rendimiento.

Composabilidad y reutilización: al estructurar las interfaces de usuario en forma de componentes reutilizables, React facilita la gestión de proyectos complejos y la colaboración dentro de un equipo de desarrollo.

Amplia comunidad y ecosistema: la comunidad React es amplia y dinámica, y ofrece abundantes paquetes, herramientas y recursos para simplificar el desarrollo con React.

Compatibilidad con otras bibliotecas y frameworks: React puede integrarse con otras bibliotecas y frameworks, lo que permite utilizarlos en diferentes arquitecturas de aplicaciones.

### 2.1.4 Principales conceptos de React

Para comprender en profundidad React, aquí tienes algunos de los conceptos clave que vamos abordar. Esto es solo una introducción; todo se desarrollará en detalle a lo largo de los capítulos.

En primer lugar, están los componentes, que son los bloques de construcción fundamentales de React. Ellos encapsulan la lógica, el estado y la vista de una parte específica de la interfaz de usuario.

El DOM virtual: como ya hemos mencionado, se trata de una representación ligera del DOM real, que permite a React comparar los cambios de forma eficiente y aplicar sólo las actualizaciones necesarias. Todo está manejado por React en segundo plano, por lo que realmente no necesitamos saber cómo funciona para desarrollar bien. Sin embargo, desde un punto de vista de cultura general, es bueno poder explicarlo al menos mínimamente, especialmente si esta pregunta se plantea durante una entrevista de trabajo.

Actualización reactiva: gracias a su naturaleza reactiva, React actualiza automáticamente la interfaz de usuario cuando cambia el estado de los componentes.

JSX es una sintaxis de marcado utilizada en React para describir la estructura de la interfaz de usuario, lo que facilita la creación de componentes.

React sigue un flujo de datos unidireccional, donde los datos siempre circulan del padre a hijo. Cuando el estado de un componente cambia, React actualiza el componente en cuestión, así como también sus hijos. Más adelante veremos que este comportamiento puede ser diferente en algunos casos. Este enfoque simplifica la gestión de las actualizaciones de la interfaz de usuario y reduce el riesgo de errores relacionados con estados impredecibles.

En los sistemas con flujo de datos bidireccional, los cambios de estado pueden propagarse en varias direcciones. Esto puede hacer que el seguimiento de los cambios en la interfaz de usuario sea más compleja y provocar efectos no deseados.

## 2.2 Filosofía React

React se basa en una filosofía fundamental que define su diseño y funcionamiento. Esta filosofía ha sido cuidadosamente pensada para ofrecer una experiencia de desarrollo fluida, fomentar la reutilización del código y mejorar el rendimiento de las aplicaciones web. En esta sección, exploraremos los principios clave que hacen poderoso a React.

### 2.2.1 Componentes: la unidad básica

Son los elementos fundamentales que definen la interfaz de usuario. Cada componente encapsula tanto la lógica como la vista de su parte específica de la interfaz. Este enfoque modular permite dividir una aplicación en bloques reutilizables.

El uso de componentes también hace que el código sea más legible y comprensible, ya que cada componente es una abstracción autónoma que puede manipularse y probarse fácilmente de forma independiente. Los componentes pueden anidarse unos dentro de otros para formar interfaces complejas, fomentando así un enfoque declarativo en el diseño de la interfaz de usuario.

### 2.2.2 Reactividad: actualización eficaz de la interfaz de usuario

Otro principio esencial de React es su capacidad de reactividad. Cuando el estado de un componente cambia, React actualiza automáticamente la interfaz de usuario para reflejar estos cambios. Antes de actualizar el DOM directamente con los métodos que ofrece el navegador, React utiliza el DOM virtual.

Cuando es necesario actualizar un componente, React compara esta versión con la antigua. Analizando las diferencias entre ambas versiones, React determina los cambios reales a aplicar en el DOM del navegador, minimizando así la manipulación del DOM real. En la práctica, necesitamos una parte específica de React: ReactDOM.

### 2.2.3 Composición: ensamblaje de componentes reutilizables

React fomenta la composición en lugar de la herencia. Esto significa que, en lugar de intentar heredar las funcionalidades de otros componentes, deberíamos ensamblarlos utilizando composiciones.

Por lo tanto, principalmente ensamblaremos componentes y React no se preocupa por la forma en que vamos a dividir nuestro código. Sin embargo, existen buenas prácticas y las abordaremos en los proximos capítulos.

### 2.2.4 Un enfoque declarativo

En lugar de manipular directamente el DOM para actualizar la interfaz de usuario, simplemente describimos el «que» y React se encarga del «cómo».

Utilizando JSX, una sintaxis de marcado similar a HTML, podemos describir la estructura de la interfaz de usuario de forma declarativa. React luego se encarga de la creación y actualización del DOM en función de los cambios de estado.

Este enfoque declarativo hace que el código sea más legible, mantenible y predecible. También facilita la detección de errores y la depuración, porque la lógica y la vista están claramente separadas.

Estos son los principios fundamentales de React que guían su diseño y funcionamiento. Con su énfasis en los componentes, la reactividad, la composición y el enfoque declarativo, React ofrece un enfoque potente e intuitivo para la creación de interfaces de usuario.

## 2.3 La comunidad React

La comunidad React es una de las más activas y dinámicas en el campo del desarrollo front-end. En esta sección, exploramos la riqueza de la comunidad React, destacando los numerosos proyectos de código abierto, los contribuidores comprometidos, los eventos y los recursos en línea que hacen de esta comunidad un motor esencial del ecosistema React.

### 2.3.1 Proyectos de código abierto

La comunidad React alberga numerosos proyectos de código abierto que amplían las funcionalidades de React o que ofrecen soluciones para casos de uso específicos. Entre estos proyectos se incluyen los siguientes:

- React Router: una biblioteca de enrutamiento para la navegación en aplicaciones React.
- Redux: un gestor de estado predecible para aplicaciones React.
- Material-UI: una biblioteca de componentes de interfaz de usuario basada en Material Design.
- Styled-components: una biblioteca para gestionar estilos CSS en componentes React.
- Storybook: una herramienta de desarrollo para la creación y documentación de componentes React.
- Next.js: un framework con renderizado del lado del servidor (SSR) y la generación de sitios estáticos, basado en React.

Estos proyectos, entre muchos otros, ilustran la diversidad y la innovación que caracterizan a la comunidad React. Se utilizan ampliamente en la industria y contribuyen al rápido crecimiento de React como opción relevante para el desarrollo de aplicaciones web modernas.

### 2.3.2 Contribuidores comprometidos

La comunidad React está formada por una multitud de contribuidores apasionados. Estos dedicados desarrolladores dedican su tiempo y habilidades a mejorar constantemente React y sus proyectos asociados. Ellos participan activamente en el desarrollo del framework, corrigiendo errores, añadiendo nuevas funciones y redactando la documentación.

Contribuir a React puede adoptar diversas formas, desde la presentación de solicitudes de pull requests en GitHub hasta escribir artículos en blogs y tutoriales para compartir conocimientos con otros miembros de la comunidad. Las contribuciones de todos, grandes o pequeñas, desempeñan un papel fundamental en la evolución de React y el enriquecimiento de su ecosistema.

### 2.3.3 Eventos y conferencias

La comunidad React organiza periódicamente eventos y conferencias. Estos encuentros ofrecen la oportunidad de conocer a otros desarrolladores, de intercambiar ideas, compartir experiencias y aprender las mejores prácticas en el desarrollo de React.

Conferencias populares como React Conf, React Europe y React Native EU atraen a miles de participantes de todo el mundo. Estos eventos son también una oportunidad para descubrir los últimos avances en React y escuchar las presentaciones de los principales desarrolladores de la comunidad.

## 2.4 Versiones de React y ciclo de actualización

### 2.4.1 Las diferentes versiones de React

React sigue un ciclo de desarrollo regular y utiliza el versionado semántico «semantic versioning» (semver). Cada versión de React está asociada a un número de versión compuesta por tres partes: «MAYOR.MINOR.PATCH».

MAYOR: un aumento en el número de versión MAYOR indica cambios importantes e incompatibilidades con versiones anteriores. Estas actualizaciones pueden requerir ajustes importantes en tu código.

MINOR: un aumento en el número de versión MINOR significa la adición de nuevas características sin introducir incompatibilidades. Su código existente debería seguir funcionando, pero puede optar por utilizar las nuevas funcionalidades.

PATCH: un aumento en el número de versión PATCH indica la corrección de errores y las mejoras menores sin cambiar las funcionalidades existentes.

Este libro y los ejemplos están basados en la versión 18 de React.

### 2.4.2 Principales cambios y mejoras

Cada vez que se lanza una nueva versión de React, se publican notas de lanzamiento detalladas con todos los cambios. Estas notas son una guía valiosa para entender las nuevas funcionalidades y modificaciones que pueden afectar su código.

Los principales cambios pueden incluir nuevas API, mejoras en el rendimiento, optimizaciones en el renderizado, cambios en la gestión de estados, etc. Es importante consultar estas notas de la versión antes de actualizar React en su proyecto, con el fin de prepararse para los ajustes eventuales que pueda que necesite realizar.

### 2.4.3 Seguimiento de nuevas versiones

Para estar al día de las nuevas versiones de React y de las actualizaciones importantes, puede seguir los canales oficiales de React, como el blog de React, la cuenta oficial de X (antes Twitter) y las notificaciones en GitHub. Estos canales le permitirán ser notificado tan pronto como se publique una nueva versión, así como de los cambios clave y las recomendaciones para la actualización.

La gestión del ciclo de actualizaciones de sus proyectos React es una etapa importante para aprovechar las nuevas funcionalidades y mejoras. Al mantenerse informado sobre las nuevas versiones y estar consiente de los cambios importantes, podrá actualizar su aplicación con confianza mientras mantiene la estabilidad y el rendimiento de su código.

## 3. Estructura del libro

Este libro está diseñado para guiarlo paso a paso, comenzando desde los fundamentos básicos y avanzando hacia temas más avanzados. Aquí se presentan las temáticas importantes y su orden de aprendizaje.

### 3.1 Descubrimiento de React

En esta parte, exploraremos en detalle React y su ecosistema. Aprenderá a configurar un entorno de desarrollo React, escribir su primer componente, entender los conceptos clave tales como componentes, props, estado local y los hooks. También abordaremos temas importantes como el estilo, el enrutamiento, los formularios y las técnicas de optimización para mejorar el rendimiento de su aplicación React.

### 3.2 Gestión de estados en React

Exploraremos los diferentes enfoques para gestionar el estado en una aplicación React. Descubrirá las distintas soluciones disponibles, incluyendo la asociación de Context y de hooks, utilizando el Redux y el MobX. También trataremos React Query, cubriendo los conceptos clave como las consultas, las mutaciones y la invalidación de datos.

### 3.3 Desarrollo móvil con React Native

Nos enfocaremos en el desarrollo móvil. Aprenderá los fundamentos de React Native, cómo crear una aplicación utilizando Expo, y cómo configurar la navegación y añadir estilo a tu aplicacion móvil. También exploraremos funciones avanzadas como la geolocalización y el acceso a contactos para crear aplicaciones móviles enriquecidas.

## 3.4 Profundizar enReact

En esta parte final, exploraremos temas avanzados y las bibliotecas que complementan React. Descubrirá cómo utilizar NextJS, crear un diseño de sistema con Storybook, como conectar React a una API GraphQL con Apollo Client y como dominar patrones de diseño React tales como Higher-Order Components, los renders props, los providers y los hooks. Concluiremos explorando las diferentes soluciones para probar aplicaciones.

# Capítulo 2
# Empezar bien con React

## 1. Conceptos básicos de JavaScript

JavaScript ha evolucionado mucho y ya no se limita únicamente a los navegadores. En esta sección, vamos a ver los elementos utilizados con frecuencia en el contexto de una aplicación React.

No vamos a cubrir todo el lenguaje, sino que nos centraremos en los puntos importantes. Este capítulo pretende ser teórico, con algunos ejemplos que ayudaran a comprender el funcionamiento de React, JavaScript y el navegador.

Es importante señalar que esta sección puede servir como un recordatorio o introducción a los conceptos importantes de JavaScript, pero no será suficiente si nunca ha practicado el lenguaje antes. En este caso, puede valer la pena comenzar con una verdadera introducción a JavaScript para dominar rápidamente React.

## 1.1 El DOM (Document Object Model)

Este importante concepto se aplica al entorno del navegador web. El DOM es la interfaz de programación que permite modificar un documento web. Se trata de un árbol en el que se encuentran los elementos presentes en una página. Cada elemento de este árbol es un nodo, también conocido como *DOM tree*. El nodo raíz en el contexto de una página web es la etiqueta `<html>` y tiene dos hijos directos `<head>` y `<body>`.

El DOM no es el tema principal de este libro. Sin embargo, necesita saber cómo usar los métodos básicos para seguirlo fácilmente. Cuanto más sepa cómo funciona el DOM, mejor entenderá lo que hace React.

El DOM nos permite interactuar con los elementos de una página web mediante su API. De este modo se pueden seleccionar todos los enlaces presentes en una página:

```
document.querySelectorAll('a') //Devuelve todos los nodos <a>.
```

Manipular el DOM directamente puede ser tedioso cuando se tienen muchos elementos que modificar y es necesario sincronizarlo todo con una fuente de datos. En la actualidad, cuando se utiliza un framework o una biblioteca web, a menudo se puede abstraerse de la tarea de modificar y sincronizar el DOM. Ya no es necesario que los desarrolladores consulten el DOM directamente para seleccionar o modificar los elementos, pero esto es lo que React hace en segundo plano.

Esta capa de abstracción toma la forma de un paquete llamado ReactDOM, que pronto descubriremos con explicaciones detalladas.

Sin embargo, te invito a profundizar en el tema si estas interesado en los mecanismos subyacentes del navegador y del DOM. Aquí hay que recordar dos cosas:

1. Es la única forma de interactuar con los elementos de una página web. Cuando React actualiza la página, utiliza el DOM.

2. El uso intensivo del DOM puede resultar costoso en términos de rendimiento. React ofrece soluciones para optimizar las modificaciones de la interfaz de usuario.

## 1.2 Definición de una variable en JavaScript

Es posible crear una variable y luego redefinirla varias veces. También es posible cambiar el tipo de valor y pasar de un entero a una cadena de caracteres. Originalmente, sólo había una forma de crear una variable, utilizando la palabra clave opcional `var`.

No es necesario especificar el tipo de variable :

```
var miVariable = "Hola";
```

Declarada de este modo, el ámbito de la variable es el contexto de ejecución actual, es decir, la función en la que nos encontramos o, en su defecto, el contexto global. Las variables declaradas sin palabra clave entran en el ámbito global (en ingles global scope). Son accesibles en todas partes y se adjuntan al objeto `window`, lo que es una muy mala práctica.

Además, no existe ningún mecanismo para protegerse contra la modificación accidental de esta variable. Por esta razón, se introdujo la palabra clave `const` para declarar constantes.

```
const miVariable = "Hola";
miVariable = "Adiós"; //Esta línea genera un error
```

Cuando se pretende declarar una constante, es absolutamente imprescindible proceder de esta manera.

Existe una última palabra clave para definir una variable cuyo comportamiento se asemeja al uso de var, con algunas diferencias. Se trata de `let`. Esta última permite declarar una variable cuyo alcance está limitado al bloque actual y a los bloques que lo contienen. En la mayoría de los casos, esto es lo que necesitamos hacer. Por lo tanto, se recomienda utilizar `let` si no se está utilizando una constante.

```
function miFuncion() {
 let miVariable = "Hola";
 if (true) {
   let miVariable = 45;
   console.log(miVariable); // 45
 }
 console.log(miVariable); // "Hola"
}
```

En resumen, cuando declares una variable, elige siempre const o `let` dependiendo del caso de uso.

## 1.3 Los tipos de valores

JavaScript es un lenguaje débilmente tipado. Ciertos valores tienen tipos que se denominan primitivos, como `number`, `string`, `boolean`, `undefined` o `null`. Estos tipos son inmutables y se almacenan directamente en memoria. Se pasan por valor, lo que significa que con un tipo primitivo, las asignaciones, las comparaciones y las copias se basan en los datos almacenados en memoria.

**Observación**

*El operador `typeof` permite mostrar el tipo de un valor cuando se coloca delant de él. El tipo `null` es especial, porque `typeof` lo identifica como un object, pero se trata realmente de un tipo primitivo.*

Considere el siguiente ejemplo con una cadena de caracteres, que es un tipo primitivo, en este caso `string`:

```
let nombre = "John";
let segundoNombre = nombre; // Aquí copiamos el valor "John"

nombre = "Patrick";

console.log(segundoNombre); // siempre muestra "John";
```

Aquí la variable `segundoNombre` ha recuperado una copia del valor contenido en la variable `nombre`. Las dos variables son totalmente independientes, por lo que al cambiar los datos de una, la otra no se ve afectada.

Todos los demás tipos pueden considerarse como del tipo `object`. Esto también se aplica a las funciones estas pueden recibir propiedades e incluso métodos. El constructor de tipo `function` deriva del tipo `object`.

Las variables que reciben tipos no primitivos simplemente apuntan a una referencia. A diferencia de los tipos primitivos, los objetos son pasados por referencia.

```
let unCoche = {
 color: "rojo"
}
let unOtroCache = unCoche //Pasando por referencia
unCoche.color = "verde"
console.log(unOtroCoche.color) //verde
oneCoche === unOtroCoche //true
```

En el ejemplo anterior, las dos variables apuntan al mismo objeto en memoria. Si cambiamos la propiedad `color` en una de las dos variables, la otra se verá afectada.

La comparación de dos variables que tienen una referencia al mismo objeto con el triple signo igual (el tipo y el valor deben ser idénticos) devuelve `true`. No ocurre lo mismo si comparamos dos objetos que tienen exactamente las mismas propiedades:

```
let unCoche = {
 color: 'verde'
}
let unOtroCoche  = {


 color: 'verde'
}
unCoche === unOtroCoche //false
```

Los valores se almacenan en memoria mediante variables. Las variables pueden declararse utilizando las palabras clave `var`, `let` o `const`. Los valores primitivos se almacenan directamente en memoria, mientras que otros se almacenan en forma de referencia que apunta al valor en memoria.

## 1.4 Cadenas de caracteres

Las cadenas de caracteres en JavaScript tienen una propiedad `length` que permite conocer su longitud, incluidos los espacios. Cada letra tiene un índice, y para la primera letra es 0. Utilizando la notación de corchetes, es posible recuperar la letra en el índice indicado:

```
"Hola"[0] -> "H"
"Hola"[2] -> "l"
```

También puede empezar por una letra y recuperar su posición en la cadena de caracteres:

```
"Hola".indexOf("H") -> 0
"Hola".indexOf("o") -> 1
"Hola".indexOf("ol") -> 1
"Hola".indexOf("e") -> -1
```

Si la cadena de caracteres que se pasa como parámetro a `indexOf` está presente en varios índices, sólo se devolverá el primer índice encontrado.

Puede pasar varios caracteres a la función `indexOf`. Por último, si la cadena no está presente, `indexOf` devuelve -1.

Existen otros métodos para trabajar con cadenas de caracteres. Es posible verificar si una cadena está contenida dentro de otra utilizando la función `includes`:

```
"Hola".includes("ola") // devuelve true
```

Puede comprobar si una cadena empieza por determinados caracteres utilizando la función `startsWith`:

```
"Hola".startsWith("Ho") // devuelve true
```

Esta introducción a las cadenas de caracteres no puede cubrir todas las funciones que permiten manipularlas. JavaScript ofrece muchas otras funciones, que podemos ver en los ejemplos de código.

## 1.5 Arrays

Los arrays en JavaScript son una de las estructuras de datos más importantes. Se utilizan para almacenar colecciones de elementos. Los elementos pueden ser de cualquier tipo, como números, cadenas, objetos u otros arrays. Los arrays se utilizan a menudo para almacenar datos que deben procesarse de forma similar, como por ejemplo los nombres de las personas.

Al igual que con las cadenas de caracteres, decimos que cada elemento se sitúa en un índice. El primer elemento del array posee el índice 0 y el array tiene una propiedad `length` que es igual al número de elementos del array. Si se utiliza un método que modifica el número de elementos de un array, la propiedad `length` se actualiza.

Para crear un array en JavaScript, puede utilizar la notación de corchetes:

```
let tablaVacia = [];
let nombre = ["Juan", "Juana", "Bob"];
```

Existen muchos métodos para manipular arrays. He aquí una lista no exhaustiva:

- `.push()` añade un elemento al final del array.
- `.pop()` borra y devuelve el último elemento del arrays.
- `.shift()` borra y devuelve el primer elemento del arrays.
- `.unshift()` añade un elemento al principio del array y devuelve la propiedad `length`.
- `.forEach(function)` ejecuta una función para cada elemento del array.
- `.map(function)` crea un nuevo array después de ejecutar una función en cada elemento del arrays.

Estos métodos permiten agregar o eliminar elementos, así como también crear nuevos arrays a partir de un array.

Este es un ejemplo de uso del método `.push()`, que añade un elemento al final de un array:

```
let nombres = ["Pedro", "Pablo", "Santiago"];
nombres.push("Juan"); //añade "Juan" al final del array
console.log(nombres); //visualiza ["Pedro", "Pablo", "Santiago", "Juan"].
```

En resumen, los arrays en JavaScript son objetos que se pueden utilizar para almacenar colecciones de elementos de distintos tipos, y disponen de una serie de métodos para manipularlas.

## 1.6 Objetos

Un objeto JavaScript es una colección de propiedades, donde cada propiedad está formada por un par clave-valor. La clave (o nombre de la propiedad) es una cadena de caracteres que identifica la propiedad, y el valor son los datos asociados a esa propiedad. El valor puede ser cualquier tipo de dato, incluidos números, cadenas de caracteres, arrays, otros objetos o incluso funciones.

He aquí un ejemplo sencillo de un objeto que representa a un usuario con diferentes propiedades como el nombre, la edad y la dirección de correo electrónico:

```
const usuario = {
apellido: 'Dupont',
edad: 30,
email:
'jean.dupont@example.com',
}
```

En este ejemplo, hemos creado un objeto `usuario` con tres propiedades: `apellido`, `edad` y `email`.

Los objetos son utilizados para organizar datos relacionados. Para acceder a las propiedades de un objeto, puede utilizar la notación por puntos o la notación por corchetes.

Notación de puntos

```
console.log(usuario.apellido); // Mostrar : "Jean Dupont"
console.log(usuario.edad); // Mostrar : 30
console.log(usuario.email); // Mostrar : "jean.dupont@example.com"
```

Notación de gancho

```
console.log(usuario['apellido']); // Mostrar : "Jean Dupont"
console.log(usuario['edad']); // Mostrar : 30
console.log(usuario['email']); // Mostrar : jean.dupont@example.com
```

También puede modificar los valores de las propiedades de un objeto:

```
user.age = 31;
console.log(user.age); // Mostrar : 31
```

Para añadir una nueva propiedad a un objeto, basta con asignarle un nuevo valor:

```
usuario.pais = 'España';
console.log(user.pais); // Muestra: "España".
```

Los objetos también pueden contener funciones, llamadas métodos, que actúan como acciones vinculadas al objeto. Por ejemplo, podríamos añadir un método `Presentarse()` a nuestro objeto `usuario`:

```
const usuario = {
 nombre: 'Jean Dupont',
 edad: 30,
 email: 'jean.dupont@example.com',
 Presentarse : function () {
   console.log(`Me llamo ${this.nombre} y tengo ${this.edad} años.`);  },
};
usuario.Presentarse(); // Muestra: "Me llamo Jean Dupont
y tengo 30 años".
```

En este ejemplo, hemos creado un método `Presentarse()` que utiliza la propiedad `nombre` y `edad` del objeto `usuario` para mostrar un mensaje de presentación.

## 1.7 Clases

Las clases, introducidas en ES6 (o ECMAScript 2015), proporcionan una sintaxis más limpia y concisa para la creación de objetos y la herencia de objetos. Aunque JavaScript es un lenguaje basado en prototipos, las clases proporcionan una fachada más orientada a objetos, lo que hace que el código sea más legible y estructurado. Es importante señalar que esto es sólo la sintaxis; el funcionamiento de JavaScript y de los prototipos no cambia. En aras de la brevedad, no abordaremos aquí este tema que es muy amplio.

Para definir una clase, se utiliza la palabra clave `class`:

```
class MiClase {
  constructor(propiedad) {
    this. propiedad = propiedad;
  }

  miMetodo() {
    console.log('Metodo de MiClase:', this.propiedad);
  }
}

// Instanciar un objeto de la clase
const objeto = new MiClase('un valor');
objeto.miMetodo();  // Mostrar: "Método MiClase: un valor"
```

Puede utilizar la palabra clave `extends` para heredar de otra clase:

```
class MiSubClase extends MiClase {
  otroMetodo() {
    console.log('Método de MiSubClase');
  }
}

const objeto2 = new MiSubClase ('valor de la subclase');
objeto2.miMetodo();        // Muestra: "Método de MiClase:
valor de la subclase"
objeto2.otroMetodo();     // Muestra: "Método de MiSubClase"
```

Los métodos estáticos se adjuntan a la propia clase y no a una instancia de la clase. Están definidas mediante la palabra clave `static`:

```
class ClaseEstatica {
 static miMetodoEstatico() {
   console.log('Método estático de llamado');
 }
}
ClaseEstatica.miMetodoEstatico(); // Mostrar:
"Método estático de llamado"
```

Las clases JavaScript también admiten getters y setters, lo que permite controlar el acceso a :

```
class Ejemplo {
  constructor() {
    this._valor = 0;
  }

  get valor() {
    return this._valor;
  }

  set valor(val) {
    this._valor = val;
  }
}

const e = new Ejemplo();
e.valor = 42;
console.log(e.valor);  // Mostrar: 42
```

Aunque se basa en el prototipado subyacente, esta sintaxis hace que la encapsulación, la herencia y la modularidad sean un poco más claras para los desarrolladores que vienen de otros lenguajes orientados a objetos o para los que prefieren esta estructura. Con estos ejemplos, ya tiene las nociones básicas en lo que respecta a las clases. Es posible escribir componentes React de esta manera o en forma de simples funciones, como las funciones flecha, por ejemplo.

## 1.8 Funciones flecha

Las funciones flecha, igualmente conocida con el nombre de *arrow functions*, son una sintaxis concisa para definir funciones en JavaScript. Se introdujeron en ECMAScript 6 (ES6) y se han hecho muy populares por su claridad y su facilidad de uso. Las funciones flecha ofrecen una alternativa más concisa a las funciones tradicionales y se utilizan habitualmente en el desarrollo moderno, incluidos los proyectos React.

### 1.8.1 Sintaxis de las funciones flecha

Para definir una función flecha, se utiliza una sintaxis con los signos igual y mayor para formar una flecha: =>. A continuación, vienen los parámetros de la función, y luego el cuerpo de la función entre llaves `{ }`. Si el cuerpo de la función consiste en una única expresión, puede omitir las llaves y la función devolverá automáticamente el valor de esta expresión.

Esta es la sintaxis general de una función flecha:

```
const nombreFuncion = (param1, param2, ...) => {
 // Cuerpo de la función
 return true;
};
```

Ejemplo de una función flecha que calcula la suma de dos números

```
const adicion = (a, b) => {
return a + b; }
;
console.log(adicion(5, 3)); // Visualización : 8
```

Una de las características importantes de las funciones flecha es que no tienen su propio contexto `this`. Esto significa que dentro de una función flecha, el `this` se refiere al this del ámbito que lo engloba. Esto puede ser muy útil cuando se trabaja con funciones de devolución (*callbacks*) o las funciones anidadas, ya que evita los problemas relacionados con la pérdida de contexto de `this`.

### 1.8.2 Comparación entre una función tradicional y una función flecha

```
// Función tradicional
function ejemploFuncion() {
  console.log(this); // Hace referencia al objeto global (o undefine
en modo estricto)
}

// Función flecha
const ejemploFuncionFlecha = () => {
  console.log(this); //Hace referencia al objeto this en el ámbito que
lo rodea
};
```

### 1.8.3 Uso de funciones flecha en React

En el contexto de React, las funciones flecha se utilizan a menudo para definir funciones de devolución de llamada (*callbacks*) o de métodos de componentes.

Por ejemplo, cuando se definen métodos de componentes con funciones flecha, el `this` dentro del cuerpo de la función se refiere automáticamente al propio componente, evitando la necesidad de vincular explícitamente el `this` en el constructor o de utilizar el método `bind`.

```
class MiComponente extends React.Component {
  state = {
    count: 0,
  };

  incrementar = () => {
    this.setState({ count: this.state.count + 1 });
  };

  render() {
    return (
      <div>
        <p>Contador : {this.state.count}</p>
        <button onClick={this.incrementar}>Incrementar</button>
      </div>
    );
  }
}
```

En este ejemplo, se puede observar la implementación de clases para escribir un componente con React. Abordaremos los componentes en detalle más adelante, pero lo que es importante aquí es que estamos usando una función flecha de `increment` para actualizar el estado del componente en respuesta al botón pulsado.

Gracias a la función flecha, no necesitamos vincular el método de `increment` en el constructor, ya que `this` se define correctamente de forma automática para el método.

Las funciones flecha son una potente herramienta para definir las funciones en JavaScript de forma concisa y sin ambigüedades. Su comportamiento relacionado con `this` los hace particularmente útiles en el contexto de React, donde permiten evitar los problemas asociados con el contexto `this` en los componentes. Mediante el uso adecuado de funciones flecha, puede hacer que su código sea más limpio, más legible y más fácil de mantener.

## 1.9 Asincronismo

El asincronismo es una característica esencial en JavaScript que permite ejecutar las operaciones no bloqueantes, como llamadas de red, lecturas/escrituras de archivos y temporizadores (*timers*), sin bloquear la ejecución del resto del código. Esto significa que las operaciones asíncronas pueden ejecutarse en segundo plano mientras el resto del código sigue ejecutándose. Las operaciones asíncronas se utilizan habitualmente para evitar tiempos de espera que puedan provocar una falta de respuesta en la interfaz de usuario.

### 1.9.1 Callbacks

Tradicionalmente, las operaciones asíncronas en JavaScript se gestionaban mediante callbacks, que no son más que funciones que se llaman sólo cuando se ha completado la operación asíncrona. Generalmente, el callbacks se pasa como argumento de la función asíncrona.

Ejemplo de utilización de callbacks con un temporizador (timer)

```
console. log('Inicio del programa');

setTimeout(() => {
  console.log('Fin del retardo de 2 segundos');
}, 2000);

console.log('Continuación del programa');
```

En este ejemplo, la función `setTimeout` se utiliza para crear un retardo de dos segundos. La función `callback` (una función flecha) se ejecutará después del retardo de dos segundos. Durante este tiempo, el resto del código continúa ejecutándose sin esperar a que expire el tiempo de espera.

### 1.9.2 Promesas (Promises)

Los callbacks a menudo pueden generar enredos de código (*callback hell*) y hacer que el código sea difícil de leer y mantener. Las promesas se introdujeron para resolver este problema proporcionando un enfoque más estructurado y elegante para gestionar las operaciones asíncronas.

Una promesa es un objeto que representa el valor resultante o el fallo posterior de una operación asíncrona. Puede estar en uno de estos tres estados: *pending* (pendiente), *fulfilled* (cumplida) o *rejected* (rechazada). Cuando la operación asíncrona se completa, la promesa cambia de estado a `fulfilled` si tiene éxito, o `rejected` si falla.

Ejemplo de utilización de promesas con un temporizador

```
console. log('Inicio del programa');
const espera = (ms) => new Promise(resolve => setTimeout(resolve,
ms));

espera(2000)
  .then(() => {
    console.log('Fin del retardo de 2 segundos');
  });
console.log('Continuación del programa');
```

En este ejemplo, hemos encapsulado el tiempo de espera dentro de una función espera que devuelve una promesa. El método `then` se utiliza para especificar la función que se ejecutará cuando se resuelva la promesa (en este caso, cuando haya transcurrido el tiempo de espera).

### 1.9.3 Async/Await

Async/Await es una sintaxis introducida en ECMAScript 2017 (ES8) que simplifica aún más la gestión de operaciones asíncronas mediante el uso de promesas. Las palabras clave `async` y `await` se utilizan para definir y consumir las funciones asíncronas de manera síncrona.

Ejemplo de uso de Async/Await con un temporizador (timer)

```
console.log('Inicio del programa');

const espera = (ms) => new Promise(resolve => setTimeout(resolve, ms));

async function programa() {
  await espera(2000);
  console.log('Fin del retardo de 2 segundos');
}

programa();

console.log('Continuación del programa');
```

La palabra clave `async` se utiliza para definir una función asíncrona, y la palabra clave `await` se utiliza para esperar la resolución de una promesa.

Callbacks, promesas y Async/Await son herramientas que necesitas dominar si quieres desarrollar eficientemente en JavaScript, sea cual sea el framework que utilices.

# 2. Prerequisitos, conceptos y herramientas para desarrollar

## 2.1 Instalación de las herramientas necesarias

### 2.1.1 NodeJS

NodeJS, con su gestor de paquetes npm (*Node Package Manager*), nos permitirá ejecutar todas las demás herramientas que se utilizarán para el desarrollo. Este es el bloque de construcción básico que utilizarán todas las bibliotecas instaladas, especialmente cuando implementemos las herramientas de construcción.

Es preferible tener al menos la versión 14, que puede descargarse de https://nodejs.org, el sitio web oficial. En la página principal, simplemente descargue la última versión estable (LTS) para su sistema operativo. Actualmente es la 20.12. npm se instalará con node.

### 2.1.2 Editor

Sera necesario un editor de código, el más extendido en la comunidad de desarrollo frontend es VSCode. Esto se debe al gran número de extensiones, algunas de las cuales se presentarán en este libro. Por supuesto, esto no es obligatorio; puedes elegir el editor que prefieras, pero es importante que te sientas cómodo con él y que domines la herramienta. Si prefiere un entorno de desarrollo "integrado", WebStorm es una opción, pero la licencia es de pago.

Para instalar VSCode, visite el sitio web oficial: https://code.visualstudio.com

Esto es lo mínimo que necesitas para empezar a programar. La siguiente sección detallará las herramientas adicionales que facilitan la experiencia de desarrollo.

### 2.1.3 Navegador web y herramientas de desarrollo

El navegador utilizado en todo el libro es Chrome. Algunas capturas de pantalla lo mostrarán en acción. Es posible utilizar otros navegadores modernos como Firefox o Edge, que también disponen de herramientas de desarrollo integradas (DevTools).

Las DevTools (por *Developer Tools*) de Google Chrome son una colección de herramientas de desarrollo para desarrolladores web. La interfaz de estas herramientas incluye varias pestañas que permiten inspeccionar y depurar el código HTML, CSS, JavaScript y las llamadas de red de una página web. Estas son las pestañas más utilizadas:

- **Elementos**: permite visualizar la estructura de HTML de la página y modificar directamente los estilos CSS en tiempo real.
- **Consola**: muestra los mensajes JavaScript generados por una página web, incluidos errores, las advertencias y los mensajes de registro.
- **Fuentes**: permite visualizar y depurar el código JavaScript y definir puntos de interrupción.
- **Red**: se utiliza para supervisar las solicitudes HTTP y visualizar los datos transferidos.
- **Dispositivos**: permite probar las aplicaciones web en distintos tipos de dispositivos y tamaños de pantalla.

- **Rendimiento**: permite analizar el rendimiento de las páginas web y detectar los cuellos de botella.

La interfaz DevTools de Chrome es totalmente personalizable, lo que permite a los desarrolladores elegir qué pestañas mostrar. Para abrir DevTools desde una página web en Chrome, pulsa la tecla [F12]. También puedes hacer clic con el botón derecho en cualquier elemento de la página y seleccionar **Inspeccionar**. Se abrirá entonces la consola, situada en la pestaña **Elementos** y en el código HTML del elemento elegido.

No dude en empezar a utilizar la herramienta DevTools ahora mismo: visite cualquier sitio web y haga que aparezcan para familiarizarse con la interfaz.

# 3. Una aplicación básica

## 3.1 El mínimo de código para una aplicación React

Antes de sumergirnos en una configuración más avanzada, merece la pena resumir lo que necesitamos para desarrollar el frontend. En primer lugar, un documento web, comenzando con un simple archivo HTML.

En los ejemplos de código proporcionados, puede abrir la carpeta 01-premera-pagina-react. Para ahorrar tiempo, abra esta carpeta directamente en VSCode o en el editor de su elección. También notará la presencia de un archivo CSS, ya que los estilos se proporcionan con los ejemplos. Pero no se preocupes por eso, el objetivo es concentrarse en React.

La biblioteca React consiste en un único archivo JavaScript que puede importarse a cualquier documento HTML mediante la etiqueta `<script>`. Este archivo por sí solo no será suficiente en el contexto de un navegador web, ya que no incorpora las funcionalidades de modificación del DOM. Por lo tanto, es necesario cargar una segunda biblioteca llamada ReactDOM.

```
<script src="https://unpkg.com/react@18.2.0/umd/react.development.js">
</script>
 <script src="https://unpkg.com/react-dom@18.2.0/umd/
react-dom.development.js"></script>
```

**Observación**

*El sitio web unpkg.com es un servicio de distribución de paquetes para desarrolladores web. Permite servir directamente archivos JavaScript, CSS y otros archivos desde npm mediante una URL sencilla y fiable. Esto facilita la integración de dependencias en proyectos web al proporcionar una fuente rápida y segura de los archivos de biblioteca y de frameworks populares.*

Esta parte del código se encarga de obtener el código de React y ponerlo a disposición de nuestra aplicación. Cuando el navegador encuentra una etiqueta `<script>`, descarga el contenido del archivo y lo ejecuta.

- Ahora abra el archivo index.html en su navegador y DevTools usando la tecla [F12]. Presta especial atención a la pestaña **Red** para constatar que se han descargado los dos archivos JavaScript.

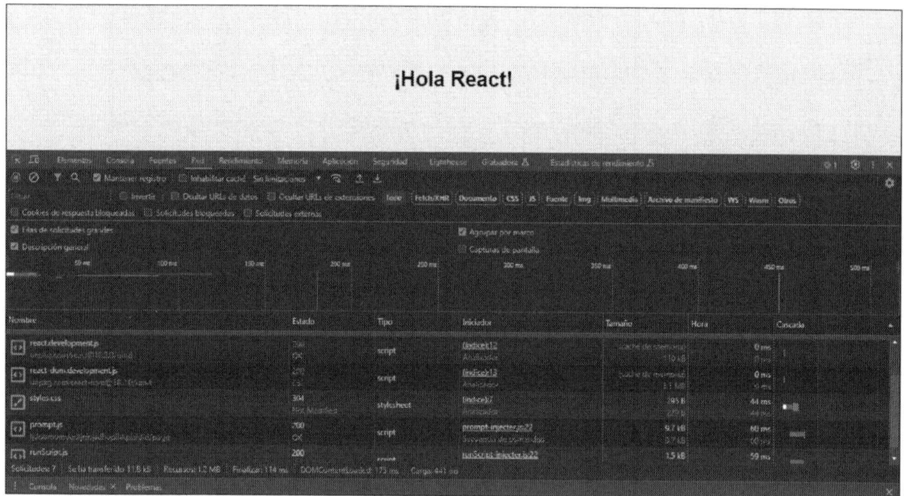


También puede mirar en la pestaña **Consola** y empezar a escribir para ver que React y ReactDOM ya están disponibles. Felicitaciones, ya tiene su primera aplicación React. La siguiente sección explicará en detalle cada línea de código.

## 3.2 Los componentes de React

En este mismo archivo HTML, tenemos un `div` con un atributo `id` cuyo valor es `root`. Esto no es obligatorio, pero esta convención es ampliamente utilizada. Es dentro de este div que React va integrar su componente raíz y sobrescribirá lo que contenía, es decir, la cadena de caracteres **Cargando**.

A continuación, creamos nuestro primer componente, y una vez más hay una convención a seguir. Cada componente comienza con una letra mayúscula y el primer componente se llama **App**.

Un componente React es a menudo una función JavaScript que debe devolver marcado (*markup*). De hecho, esto es lo que devuelve el método `createElement` de React. Este ultimo toma como parámetros el tipo de elemento que se desea mostrar, los atributos opcionales y finalmente los hijos de este elemento. Esto es similar al método nativo de JavaScript (`document.createElement`), pero veremos que hay algunas diferencias.

Resumiendo, aquí le estamos pidiendo a React que cree un componente App, que tendrá un hijo de tipo `div`, que a su vez tendrá un hijo de tipo `h1`, con el texto dentro.

```
const App = () => {
      return React.createElement(
        "div",
        {},
        React.createElement("h1", {}, "¡Hola React!")
      );
    };
```

Aquí ya podemos ver lo tedioso que es crear elementos DOM usando `createElement`. La legibilidad podría ser aún menor si se agregaran atributos mediante el segundo parámetro aceptado por `createElement`. Afortunadamente, los componentes nunca se escriben de esta manera.

He aquí el equivalente de esta estructura en HTML :

```
<div>
<h1>"¡Hola React!"<h1>
</div>
```

En la segunda parte del código, a continuación, le pedimos a React que recupere este `div`, que tiene el identificador `root`, para convertirlo en el nodo raíz de nuestra aplicación usando el método `createRoot`. La raíz (*root*) es el elemento del DOM en el que React mostrará sus componentes. Todo lo que ocurra en este elemento, en cuanto a modificaciones del DOM, será gestionado por React.

```
const container = document.getElementById("root");
const root = ReactDOM.createRoot(container);
root.render(React.createElement(App));
```

La noción de componentes está omnipresente en React, por eso es tan importante entender este concepto clave si quieres diseñar interfaces de alto rendimiento.

# 4. Entorno de desarrollo

## 4.1 Introducción a JSX

JSX es una extensión de la sintaxis del lenguaje JavaScript. Ampliamente utilizado en React, permite describir la estructura de la interfaz de usuario con una sintaxis que se asemeja a HTML. He aquí un ejemplo sencillo de un componente React escrito con JSX :

```
function Hola() {
 return <h1>¡Hola!</h1>;
}
```

En este ejemplo, `<h1>¡Hola!</h1>` es una expresión JSX que describe un elemento HTML `h1`.

**Observación**

*El contenido JSX puede ser almacenado en una variable o incluso devuelto desde una función. Este tema se trata en el capítulo Descubrir JSX.*

Una de las ventajas de usar JSX es que el código React es más legible y expresivo que con `createElement`. Tenga en cuenta que, para que el código JSX sea interpretado por los navegadores, tiene que ser transformado en una llamada de función JavaScript estándar, a menudo a través de bundlers como Webpack o compiladores como Babel. En el caso de React, el JSX se transforma en llamadas a `React.createElement`, para crear la representación del elemento DOM en JavaScript. Así es como se vería la transformación en nuestro ejemplo:

```
function Hola() {
 return React.createElement('h1', null, '¡Hola!');
}
```

## 4.2 Inicialización de un proyecto con Vite

A partir de ahora, vamos a utilizar una herramienta que facilitará el proceso de desarrollo. En primer lugar, asegúrate de que tienes Node.js y npm instalados en tu máquina. Hay varias formas de crear un proyecto, pero durante mucho tiempo la documentación de React recomendaba usar Create React App (https://github.com/facebook/create-react-app). Esta herramienta te permite crear un proyecto React con las dependencias de desarrollo ya instaladas para que sea más fácil empezar.

La documentación de React ha sido actualizada recientemente, y ahora recomienda usar Vite o Parcel. Create React App sigue siendo una solución perfectamente aceptable, pero en este curso vamos a utilizar Vite.

- Cree una nueva carpeta para su proyecto y simplemente inicialice su proyecto utilizando el siguiente comando en su terminal:

```
npm create vite@latest
```

**Observación**

*La herramienta te hará algunas preguntas antes de crear tu proyecto. Tienes que elegir un nombre (el que quieras), un framework (React) y una variante (elige JavaScript).*

## 4.3 Configuración de Prettier en VSCode

Este paso es opcional, pero facilita el desarrollo. Prettier permite formatear el código para respetar las convenciones. Esto es especialmente importante cuando varios desarrolladores trabajan en el mismo proyecto.

El primer paso es instalar Prettier como dependencia de desarrollo en nuestro proyecto:

```
npm install --save-dev prettier
```

A continuación, deberá crear un archivo de configuración en el que podrá utilizar todas las opciones disponibles en la documentación de Prettier. Este archivo se llama `.prettierrc.json` y puede crearse usando el siguiente comando:

```
echo {}> .prettierrc.json
```

Incluso si desea utilizar todos los parámetros por defecto y no personalizar nada, es aconsejable crear este archivo e insertar un objeto vacío en él para que su editor de código lo tenga en cuenta. Lo ideal es que también pidas a tu editor que formatee el código cuando guardes un archivo.

▶ En VSCode, se puede acceder a este ajuste desde el menú **Editor de texto**, luego **Formato**. Marque la casilla **Format On Save**.

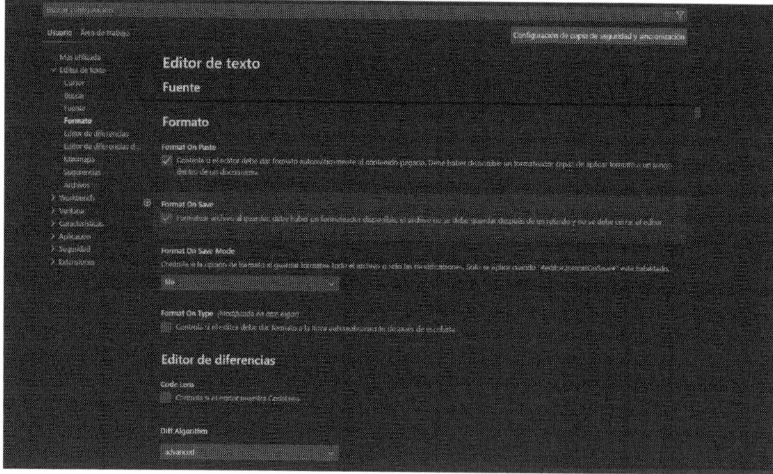

▶ A continuación, instale la extensión VSCode Prettier, o el equivalente en su editor.

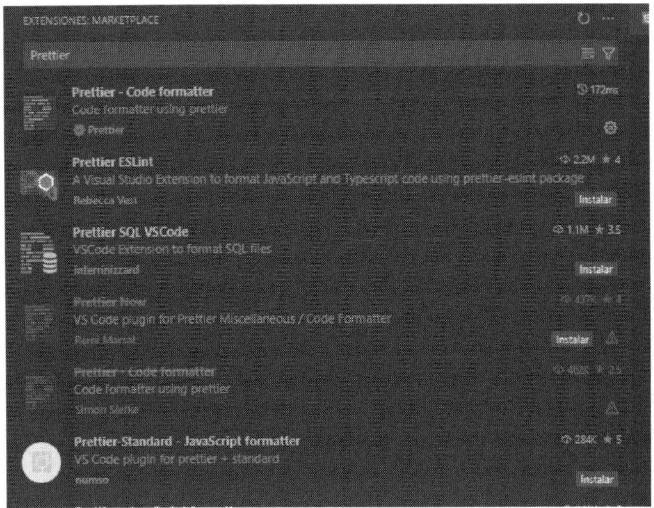


Ahora puede intentar escribir todo su código React en una sola línea, luego guardar y Prettier hará el trabajo de ordenarlo todo. En caso de problemas o futuros desarrollos con Prettier, consulte la documentación actual o la documentación de VSCode sobre la instalación y activación de Prettier.

▶ Si el código no aparece formateado al guardarlo, compruebe que la configuración de extensión de Prettier es correcta y que está seleccionada como herramienta de formateo por defecto.

## 4.4 Configuración de ESLint

En complemento de Prettier, que se encarga de todo el formateo, ESLint detectará los problemas al analizar el código, sin pasar por el navegador.

La ventaja de una herramienta como Vite es que ESLint ya está instalado y configurado con ella. Notaras que en la raíz del proyecto, hay un archivo .eslintrc.cjs que contiene toda la configuración de ESLint.

Existen docenas de configuraciones predefinidas para ESLint, y usted es libre de elegir una. La configuración Airbnb es muy popular, así como la configuración establecida por Vite: `eslint:recommended`. Sin embargo, debería añadir Prettier en último lugar en la sección `extends` para anular los posibles conflictos con las configuraciones que la preceden.

```
extends: [
  "eslint:recommended",
  "plugin:react/recommended",
  "plugin:react/jsx-runtime",
  "plugin:react-hooks/recommended",
  "prettier",
],
```

Puede encontrar todas las opciones posibles en la documentación de ESLint (https://eslint.org/docs/latest). Esta configuración mínima proporcionada por Vite asegura que tengamos advertencias (*warnings*) y los errores para los problemas más comunes.

La configuración de ESLint de Airbnb cubre muchos casos de uso, pero fue hecha principalmente para las necesidades de esta compañía. Usted tiene derecho a no estar de acuerdo con estas opiniones. Por otro lado, las reglas en la configuración `recommended` son generalmente aceptadas como buenas prácticas por la mayoría de la comunidad. Siéntase libre de modificar el archivo .eslintrc.cjs si desea personalizar el comportamiento de ESLint.

Un apunte sobre el package.json, la sección `scripts` permite definir comandos que se pueden ejecutar con `npm run`. Vite ya ha preparado una serie de scripts, en particular `lint`, que se puede utilizar para ejecutar ESLint en todo el proyecto con el siguiente comando:

```
npm run lint
```

Para lanzar el proyecto, basta con instalar las dependencias desde el directorio raíz del proyecto (donde se encuentra el archivo package.json) y ejecutar el script `dev`:

```
cd <carpeta-de-tu-proyecto>
npm install
npm run dev
```

## 4.5 Conclusión

El uso de Vite ofrece una ventaja significativa en términos de velocidad y eficiencia durante el desarrollo. Gracias a su estructura basada en módulos ES nativos, permite recargas en caliente (HMR, o *Hot Module Replacement*) extremadamente rápidas y actualizaciones optimizadas del código durante el desarrollo, lo que reduce así el tiempo de espera para visualizar los cambios.

Además, Vite mejora los tiempos de arranque inicial del servidor de desarrollo, lo cual es especialmente notable en proyectos de gran envergadura. Además, su sencilla configuración y su compatibilidad con diversos frameworks lo hacen accesible y flexible, facilitando su integración en proyectos que utilicen tecnologías como React, Vue o Svelte. En la fase de producción, se apoya en herramientas probadas como Rollup para asegurar una optimización eficiente del bundle final, garantizando un rendimiento óptimo en el sitio de producción.

En este capítulo, la utilización de React en un proyecto se abordó de la manera más sencilla. Primero con algunos archivos, luego con una herramienta más avanzada. Sin embargo, la instalación y la creación de un proyecto con Vite no requierio mucho esfuerzo. Toda la complejidad es gestionada por esta excelente herramienta.

# Capítulo 3
# Descubrir el JSX

## 1. Introducción a JSX

JSX (*JavaScript XML*) es una extensión de sintaxis utilizada en React para describir la interfaz de usuario en forma de código JavaScript. Permite mezclar código JavaScript con etiquetas HTML, lo que hace que la creación de interfaces de usuario en React sea más legible. Es importante sentirse cómodo con esta sintaxis lo antes posible.

Cuando utilizas JSX, puedes escribir elementos de React como si estuvieras escribiendo HTML, pero en realidad, el JSX se transpila en código JavaScript puro antes de ser interpretado por el navegador.

He aquí un ejemplo sencillo de como se ve JSX:

```
import React from 'react';
const MiComponente = () => {
 return <h1>¡Bienvenido a mi aplicación React!</h1>;
};
```

En este ejemplo, hemos utilizado JSX para crear un elemento h1 que contiene el mensaje de bienvenida. Esto permite escribir código de interfaz de usuario de forma declarativa y sin llamar a `React.createElement` cada vez.

## Ventajas de JSX

### Claridad y legibilidad del código

Al utilizar el JSX nos acercamos al lenguaje natural utilizado para estructurar una página web. El JSX facilita la comunicación entre desarrolladores y mejora la mantenibilidad del código, porque es más fácil entender la estructura de la interfaz de usuario.

### Composición de componentes facilitada

Con el JSX se pueden anidar fácilmente componentes unos dentro de otros. Podemos almacenarlos en variables, pasarlos a funciones o incluso añadir código JavaScript en su interior. Esto permite crear componentes complejos formándolos a partir de componentes más pequeños y reutilizables. Componer componentes es uno de los principios fundamentales de React, y el JSX facilita este enfoque.

### Integración de JavaScript dinámico

El JSX permite incorporar expresiones JavaScript directamente en el código de tipo HTML. Esto le permite interactuar dinámicamente con los datos y generar contenidos de interfaz de usuario basados en el estado de la aplicación. Puede utilizar expresiones JavaScript dentro de llaves `{ }` para evaluar variables, realizar operaciones y mucho más.

### Validación estática

Una de las ventajas de JSX es que se comprueba estáticamente durante la compilación. Esto significa que los errores de sintaxis o estructura dentro de JSX se detectan de antemano, antes de que se ejecute la aplicación. Esto permite evitar muchos de los errores que podrían producirse durante la ejecución, haciendo que el proceso de desarrollo sea más seguro y fluido.

### Integración fácil de bibliotecas de terceros

Como JSX se parece a HTML, es más fácil integrar bibliotecas de componentes de terceros. Por ejemplo, los desarrolladores de React pueden utilizar bibliotecas de componentes de interfaz de usuario, herramientas de gestión de formularios y otras bibliotecas populares simplemente como lo harían dentro de un proyecto HTML estándar.

### Transpilación a JavaScript estándar

El JSX debe transpilarse a JavaScript estándar antes de ser ejecutado por los navegadores. Esto permite a los desarrolladores de utilizar las funcionalidades más reciente de React todo manteniendo la compatibilidad con navegadores antiguos. Las herramientas como Babel se han utilizado durante mucho tiempo para transpilar el JSX a JavaScript estándar, aunque han surgido alternativas. No es necesario entender cómo funcionan las herramientas de transpilación, pero es importante recordar que JSX no es un estándar web y que tiene que pasar por una etapa antes de ser entendido por los navegadores.

Así es como se transpila JSX a JavaScript:

```
const mensaje = <h1>¡Bienvenido a mi aplicación React!</h1>;
```

Código JavaScript transpilado:

```
const message = React.createElement("h1", null, "¡Bienvenido a
mi aplicación React!");
```

El JSX se transforma en llamadas a la función `React.createElement`, que crea elementos React utilizando las propiedades pasadas como argumentos.

Con una herramienta como Vite, que vimos anteriormente, no es necesario de configurar nada. JSX se transpilará automáticamente. Del mismo modo, es posible utilizar las funcionalidades modernas de JavaScript sin preocuparse por la compatibilidad del navegador. Las funciones flecha, por ejemplo, pueden convertirse en funciones estándar si su navegador de destino no las soporta. Consulte la documentación de Vite si necesita garantizar la compatibilidad con navegadores antiguos como Internet Explorer.

## 2. Sintaxis y elementos JSX

En JSX, puedes utilizar una sintaxis similar a HTML para describir la interfaz de usuario de tu aplicación React. Sin embargo, hay algunas diferencias clave a tener en cuenta.

### 2.1 Elementos JSX

En JSX, usted puede utilizar etiquetas para crear elementos React. Las etiquetas deben corresponder a componentes React definidos o a etiquetas HTML nativas. Los elementos JSX pueden ser anidados unos dentro de otros, al igual que en HTML.

Ejemplo de etiquetas JSX

```
const miElemento = <div>
   <h1>Título</h1>
   <p>Contenido del párrafo</p>
</div>;
```

Los elementos JSX son los bloques de construcción básicos para crear la interfaz de usuario. Parecen etiquetas HTML, pero en realidad son objetos JavaScript que representan componentes React o elementos DOM.

La sintaxis es similar a la de HTML, lo que las hace más familiares para los desarrolladores web.

Ejemplos de elementos JSX

```
const element1 = <div>Contenido div</div>;
const element2 = <h1>Título</h1>;
const element3 = <MiComponente />;
```

En este ejemplo, la variable `element1` contiene un elemento JSX que representa una etiqueta `div`, `element2` contiene una etiqueta `h1` y `element3` contiene un componente React llamado `MiComponente`.

También puede utilizar atributos en las etiquetas JSX, igual que en HTML.

## 2.2 Atributos JSX

En JSX, usted puede utilizar atributos para configurar los elementos de la interfaz de usuario de manera similar a HTML. Los atributos permiten personalizar el comportamiento y la apariencia de los elementos React. A continuación le explicamos cómo puede utilizar los atributos JSX en sus componentes:

Ejemplo de atributos JSX

```
const miElemento = <input type="text" placeholder="Introduce tu nombre" />;
const nombre = "Juan";
const miElemento2 = <h1>Bienvenido, {nombre} !</h1>;
```

En este ejemplo, `miElemento` es un elemento JSX que representa una etiqueta input con atributos `type` y `placeholder`. El valor del atributo type es una cadena de caracteres `"text"`, mientras que el valor del atributo placeholder es otra cadena de caracteres `"Introduce tu nombre"`.

Por último, `miElemento2` es un elemento JSX que representa una etiqueta `h1` que utiliza una expresión JavaScript (`{nombre}`) para mostrar el nombre dinámico del usuario en función de la variable `nombre`.

### 2.2.1 Atributos booleanos

Los atributos booleanos en JSX son ligeramente diferentes a los de HTML. En JSX, puede especificar atributos booleanos sin valor, lo que los convierte true por defecto.

Ejemplo de atributo booleano JSX

```
const miElemento = <input type="checkbox" checked />;
```

En este ejemplo, el atributo `checked` se especifica sin valor, lo que significa que se evalúa como `checked={true}`. Esto marca la casilla por defecto.

### 2.2.2 Atributos personalizados

Los atributos personalizados (*data attributes*) son una función de HTML que permite almacenar información adicional directamente en una etiqueta, utilizando una sintaxis que suele empezar por `data-`. Se puede acceder a estos atributos a través de JavaScript.

Por ejemplo, considere un elemento de lista HTML que represente un producto en una tienda online:

```
<li data-producto-id="123" data-producto-categoría="electrónica">
Tabletas gráficas</li>
```

Dentro de su script JavaScript, usted podría luego acceder a esta información de la siguiente manera:

```
let produit = document.querySelector('li');
console.log(produit.dataset.productId); // Muestra: 123
console.log(produit.dataset.productCategory); // Muestra: electrónica
```

En el contexto de React, el uso de data attributes es menos común, principalmente porque React favorece la gestión de datos a través del estado (*state*) y las propiedades (*props*) de los componentes, que descubriremos en breve. Estas últimas ofrecen un mecanismo más estructurado e integrado para manipular los datos dentro de sus componentes.

Sin embargo, los data attributes todavía pueden encontrar su lugar en una aplicación React, especialmente cuando se trata de integrar scripts de terceros o manipular elementos DOM directamente. Por lo general, estos escenarios se evitan, pero pueden ser necesarios en determinados casos.

Por ejemplo, es posible que desee rastrear información adicional para herramientas de análisis o seguimiento, donde un data attribute podría ser útil. Si volvemos a nuestro ejemplo de un producto en una lista:

```
function Producto({ id, categoria, nombre }) {
  return (
    <li data-product-id={id} data-product-category={categoria}}>
      {nom}
    </li>
    );
}
// Uso del componente Producto con atributos de datos
<Producto id="123" categoria="electronica" nombre="Tableta grafica" />
```

En este fragmento de código, definimos un componente Product que recibe algunos props y utiliza data attributes para añadir información adicional al elemento li. Aunque esta no es una práctica común en las aplicaciones React, puede ser útil en situaciones específicas donde la interacción directa con el DOM es necesaria o preferible. El concepto de props se introducirá en detalle en el capítulo Fundamentos de React.

## 2.3 Elementos y fragmentos de React

Un elemento React es un objeto JavaScript que representa un componente o elemento JSX. Tiene tres propiedades: el tipo (nombre de la etiqueta o componente), los atributos y los hijos (los elementos o texto que hay dentro).

JSX fomenta el retorno de un único elemento por componente. Esto significa que si desea devolver varios elementos, deben estar envueltos en un único elemento padre.

Los fragmentos permiten englobar varios elementos sin añadir un nodo DOM adicional. Son útiles cuando necesitas devolver varios elementos sin encapsularlos dentro de una etiqueta padre.

Ejemplo de utilización de fragmentos

```
import React from 'react';

const MiComponente = () => {
  return (
    <>
      <h1>Título</h1>
      <p>Contenido del párrafo</p>
    </>
  );
```

Volveremos a los fragmentos en detalle más adelante en este capítulo, en la sección Los fragmentos JSX.

## 2.4 Comentarios JSX

Los comentarios desempeñan un papel esencial en el desarrollo: permiten a los desarrolladores añadir notas, explicaciones y recordatorios al código. En JSX, también puedes incluir comentarios para documentar el código y facilitar la comprensión y el mantenimiento del desarrollo.

Para añadir comentarios a JSX, puede encerrarlos entre `{/* */}`.

Ejemplo de comentario JSX

```
const miElemento = (
  <div>
    {/* Esto es un comentario */}
    <h1>Título</h1>
  </div>
);
```

### Sintaxis de comentarios JSX

JSX, al ser una extensión de sintaxis para JavaScript, tiene una forma distinta de integrar comentarios en el código.

De hecho, para insertar comentarios en JSX, utilizamos una sintaxis similar a la utilizada para los bloques de comentarios en JavaScript. Se trata de encapsular los comentarios entre `{/*y */}`. Este método le permite integrar los comentarios directamente en su código JSX, garantizando que sus notas y aclaraciones permanezcan visibles sin afectar al funcionamiento de su código.

Ejemplo de comentario en línea en JSX

```
function App() {
  return (
    <div>
      {/* Esto es un comentario incrustado en JSX, no será
visible en el DOM */}
      ¡Bienvenido a mi aplicación React!
    </div>
  );
}
```

En este ejemplo, el comentario se coloca entre {/* y */}, haciéndolo visible únicamente en el código fuente, sin ningún impacto en la renderización final dentro del navegador.

## 2.5 Uso de JavaScript dentro de JSX

Para incorporar expresiones JavaScript dentro de JSX, puede utilizar llaves { }.Esto le permite interactuar dinámicamente con los datos y generar elementos de la interfaz de usuario de manera condicional.

Ejemplo de uso de JavaScript en JSX

```
const usuario = {
 nombre: "Juan",
 edad: 30,
};
const miElemento = <h1>¡Bienvenido, { usuario.nombre} ! Tienes
{usuario.edad} años.</h1>;
```

JSX ofrece una sintaxis familiar y expresiva para crear elementos de interfaz de usuario en React. Puedes utilizar etiquetas, atributos e incluso expresiones JavaScript para generar dinámicamente el contenido de tu aplicación.

# 3. Construir una interfaz con componentes

Dominar React implica el arte de ensamblar componentes reutilizables para crear componentes más grandes y complejos, con el fin de orquestar una aplicación completa. Este método se destaca por su sencillez y eficiencia, promoviendo un código limpio y mantenible.

Es imposible tener una regla precisa sobre el tamaño que deben tener los componentes. Lo que hay que tener en cuenta es que un componente debe ser responsable de una tarea. Una vez más, esta regla difiere de un proyecto a otro.

## 3.1 Composición

La composición es la idea de construir componentes utilizando otros componentes como bloques de construcción. Esto permite descomponer una interfaz de usuario compleja en componentes más pequeños e independientes.

Para ilustrarlo, pongamos un ejemplo sencillo:

```
function BlockDeContenido({ contenido }) {
  return <p>{ contenido }</p>;
}

function Articulo() {
  return (
    <div>
      <BlockDeContenido contenido="Primer párrafo" />
      <BlockDeContenido contenido="Segundo párrafo" />
    </div>
  );
}

function App() {
  return (
    < Articulo />
  );
}
```

En este ejemplo, el componente `Artículo` está formado por varios componentes `BlockDeContenido`, creando una estructura coherente. Cada componente `BlockDeContenido` acepta una propiedad de `contenido`, que se utiliza para mostrar texto en un párrafo. Este enfoque favorece una arquitectura clara y modular, en la que cada componente tiene una función específica.

Al utilizar la composición puede crear componentes independientes centrados en tareas específicas. Estos componentes pueden reutilizarse en distintas partes de la aplicación, evitando así la duplicación de código. También permite separar las preocupaciones y seguir el principio de responsabilidad única.

Supongamos que tenemos dos componentes, Header y MainContent, que representan la cabecera y el contenido principal de una página web respectivamente. Podemos entonces crear un componente App que utilice los dos componentes Header y MainContent como bloques de construcción para crear la interfaz de usuario completa.

```
import React from 'react';

const Header = () => {
  return <header>Mi encabezado</header>;
};

const MainContent = () => {
  return <main>Contenido principal</main>;
};

const App = () => {
  return (
    <div>
      <Header />
      <MainContent />
    </div>
  );
};

export default App;
```

En este ejemplo, el componente App actúa como contenedor principal, mostrando tanto la cabecera como el contenido principal.

## 3.2 Aislamiento de funcionalidades

Los componentes anidados promueven el aislamiento de funcionalidades, lo que significa que cada componente puede tener su propio estado y propio comportamiento sin afectar al resto de la aplicación.

Otra ventaja de aislar funcionalidades es la posibilidad de escribir pruebas unitarias específicas para cada componente, lo que facilita el proceso de pruebas y mejora la calidad del código.

Supongamos que tenemos una aplicación con un componente `Form` que gestiona un formulario de registro. Para aislar la funcionalidad, podemos dividir el formulario en varios subcomponentes, tales como `FormHeader`, `FormFields`, `FormActions`, cada uno responsable de una parte específica del formulario.

```
// FormHeader.js
import React from 'react';

const FormHeader = () => {
  return <h2>Registro</h2>;
};

export default FormHeader;
```

```
// FormFields.js
import React from 'react';

const FormFields = () => {
  return (
    <div>
      <input type="text" placeholder="Nombre" />
      <input type="email" placeholder="Email" />
      <input type="password" placeholder="Contraseña" />
    </div>
  );
};

export default FormFields;
```

```
// FormActions.js
import React from 'react';

const FormActions = () => {
  return (
    <div>
      <button type="submit">Inscribirse</button>
      <button type="reset">Reinicializar</button>
    </div>
  );
};

export default FormActions;
```

```
// Form.js
import React from 'react';
import FormHeader from './FormHeader';
import FormFields from './FormFields';
import FormActions from './FormActions';

const Form = () => {
  return (
    <form>
      <FormHeader />
      <FormFields />
      <FormActions />
    </form>
  );
};

export default Form;
```

En este ejemplo, hemos aislado las funcionalidades del formulario en subcomponentes como `FormHeader`, `FormFields` y `FormActions`. El componente `Form` se encarga de ensamblar estos subcomponentes para crear el formulario completo. Cada subcomponente es independiente y puede reutilizarse en otras partes de la aplicación o en otros proyectos.

Al diseñar cada componente para que sea responsable de una tarea específica, puede mejorar la claridad del código, facilitar el mantenimiento y desarrollar las aplicaciones React de alta calidad. no hay que preocuparse demasiado pronto a menudo sucede que el papel de cada componente no queda claro de inmediato. Mantenga un ojo crítico incluso durante el desarrollo de sus componentes para poder refactorizarlos (*refactoring*).

### 3.3 Profundidad de la composición

Al hablar de la "profundidad de la composición de componentes" en React, es esencial tener en cuenta tres principios fundamentales:

- Intente limitar al máximo los niveles de anidamiento. Si un componente se vuelve demasiado complejo con varios niveles de anidamiento, considere la posibilidad de dividirlo en componentes más pequeños e independientes.
- Identifique las partes de su aplicación que pueden reutilizarse en diferentes lugares. Cree componentes personalizados para estas partes con el fin de hacerlas reutilizables y evitar la duplicación de código.
- Asegúrese de que cada componente tiene una única responsabilidad. Si un componente es responsable de demasiadas tareas, podría ser conveniente dividirlo en subcomponentes para mejorar la claridad y la mantenibilidad del código.

Supongamos que tenemos una aplicación de blog con una lista de artículos y un componente `Article` para mostrar los detalles de un artículo. La lista de artículos puede ser una vista principal, y los detalles de cada artículo pueden mostrarse en el componente `Article` cuando se selecciona un artículo.

```
// ArticleList.js
import React from 'react';
import Article from './Article';

const ArticleList = ({ articles, onSelectArticle }) => {
  return (
    <div>
      {articles.map((article) => (
        <Article key={article.id} article={article}
onSelectArticle={onSelectArticle} />
      ))}
    </div>
  );
};

export default ArticleList;
```

```
// Article.js
import React from 'react';

const Article = ({ article, onSelectArticle }) => {
  const handleSelectArticle = () => {
    onSelectArticle(article.id);
  };

  return (
    <div onClick={handleSelectArticle}>
      <h3>{article.title}</h3>
      <p>{article.content}</p>
    </div>
  );
};

export default Article;
```

En este ejemplo, tenemos un nivel moderado de anidamiento. El componente `ArticleList` muestra una lista de elementos utilizando el componente `Article` para cada elemento de la lista. El componente `Article` se encarga de mostrar los detalles de un artículo cuando se selecciona.

Este enfoque mantiene el código claro y reutilizable, a la vez que aísla funcionalidades específicas en componentes separados.

La gestión de la profundidad de la composición es esencial para mantener un código claro, mantenible y reutilizable en las aplicaciones React. Evitando niveles excesivos de anidamiento, creando componentes reutilizables y dividiendo las responsabilidades adecuadamente, puede desarrollar aplicaciones React bien organizadas y escalables.

## 3.4 Buenas prácticas

Estos son algunos consejos para organizar y estructurar componentes anidados, sin perder de vista la claridad, la mantenibilidad y el rendimiento de la aplicación. Otras buenas prácticas se tratarán en el capítulo Dominar los design patterns React.

### 3.4.1 División en componentes reutilizables

Divida su aplicación en componentes reutilizables que tengan una funcionalidad específica. Esto favorece la modularidad y permite reutilizar estos componentes en diferentes partes de la aplicación, reduciendo la duplicación de código y facilitando el mantenimiento.

### 3.4.2 Profundidad de composición razonable

Procure mantener una profundidad de composición razonable para evitar un enredo excesivo de componentes anidados. Los niveles excesivos de anidamiento pueden hacer que el código sea complejo y difícil de mantener. Identifique las partes de la aplicación que requieren una agrupación lógica y utilice componentes personalizados para encapsularlas.

### 3.4.3 Respeto al principio de responsabilidad unica

Cada componente debe tener una responsabilidad única y claramente definida. Esto mejora la claridad del código y facilita la comprensión de lo que hace cada componente. Si un componente se vuelve demasiado complejo, considere la posibilidad de dividirlo en subcomponentes con responsabilidades distintas.

## 4. Los fragmentos JSX

Cuando cree componentes React, debe envolverlos en un único elemento raíz. Esto significa que no puede devolver varios elementos de nivel superior directamente en una función de componente sin encapsularlos dentro de un contenedor, como un div. Sin embargo, puede haber situaciones en las que no quieras introducir un elemento adicional para encapsular tus elementos.

Es ahi donde entran en juego los fragmentos de JSX.

## 4.1 Utilización de fragmentos JSX

Los fragmentos JSX son una funcionalidad de React que permite agrupar varios elementos de nivel superior sin introducir un nodo adicional en el DOM. Esto mejora la legibilidad del código y permite, por ejemplo, presentar una lista de elementos de manera ordenada sin agregar un contenedor adicional a su alrededor de ellos.

**Observación**

*Renderizar (render en ingles) un componente es el proceso por el cual React crea una representación visual de un componente en la pantalla. Es como si React dibujara el componente por primera vez, basándose en los datos y la estructura definidos inicialmente por el desarrollador.*

*Después, cuando los datos o el estado del componente cambian, React necesita actualizar esta representación visual. Aquí es donde entra el concepto de re-renderización(re-render en inglés). Se trata principalmente de una actualización, React actualiza las partes del componente que realmente han cambiado. Esta habilidad de renderizar y re-renderizar eficientemente está en el corazón de la creación de aplicaciones con React.*

Para utilizar un fragmento JSX, basta con utilizar la sintaxis `<>...</>` o `<React.Fragment>...</React.Fragment>`.

He aquí un ejemplo:

```
import React from 'react';

const App = () => {
  return (
    <>
      <h1>Título principal</h1>
      <p>Párrafo 1</p>
      <p>Párrafo 2</p>
    </>
  );
};

export default App;
```

En este ejemplo, utilizamos un fragmento JSX para encapsular los elementos <h1> y dos <p> sin necesidad de añadir un contenedor adicional.

## 4.2 Fragmento explícito

Si prefiere utilizar una sintaxis más explícita, usted puede utilizar `<React.Fragment>...</React.Fragment>` para crear fragmentos JSX:

```
import React from 'react';

const App = () => {
  return (
    <React.Fragment>
      <h1>Título principal</h1>
      <p>Párrafo 1</p>
      <p>Párrafo 2</p>
    </React.Fragment>
  );
};

export default App;
```

Las dos sintaxis `<React.Fragment>` y `<>...</>` son equivalentes, por lo que puedes elegir la que te parezca más legible en tu código.

# 5. Expresiones condicionales

Las expresiones condicionales en React permiten mostrar elementos JSX basados en función de una condición. Esto significa que puede controlar la visualización de elementos en función de un valor booleano u otra evaluación condicional.

Hay dos formas corrientes de utilizar expresiones condicionales en React.

## 5.1 El operador ternario

El operador ternario (`condition ? expresiónIfTrue : expresiónIfFalse`) es una forma concisa de crear una expresión condicional en JavaScript.

He aquí un ejemplo de su uso en un componente React:

```
import React from 'react';

const MyComponent = ({ isLoggedIn }) => {
  return (
    <div>
      {isLoggedIn ? <p> ¡Bienvenido, usuario conectado!</p> :
<p>Por favor, inicia sesión.</p>}
    </div>
  );
};

export default MyComponent;
```

En este ejemplo, `MyComponent` recibe `isLoggedIn` como entrada, que indica si el usuario ha iniciado sesión o no. Dependiendo del valor de `isLoggedIn`, el componente mostrará un párrafo diferente: Bienvenido, usuario conectado si `isLoggedIn` es `true`, o Por favor, conéctese si `isLoggedIn` es `false`.

## 5.2 La sentencia if

También puedes utilizar la sentencia `if` para crear una expresión condicional en un componente React.

He aquí un ejemplo de utilización de la sentencia `if`:

```
import React from 'react';

const MyComponent = ({ isLoggedIn }) => {
  if (isLoggedIn) {
    return <p>¡Bienvenido, usuario conectado!</p>;
  } else {
    return <p>inicie sesión.</p>;
```

```
    }
};

export default MyComponent;
```

En este ejemplo, la sentencia `if` evalúa el valor de `isLoggedIn` y muestra un párrafo diferente en función de esta evaluación. Si `isLoggedIn` es `true`, el componente mostrará `¡Bienvenido, usuario conectado!` de lo contrario mostrará `Por favor, conéctese..`

Las expresiones condicionales en React son útiles para hacer que el contenido sea dinámico según los estados o propiedades del componente.

## 6. Utilizar listas y claves

Cuando se trabaja con datos dinámicos en React, a menudo es necesario renderizar listas de elementos. Las listas permiten mostrar varios elementos con la misma estructura, basados en un conjunto de datos.

Sin embargo, al renderizar listas dinámicas en React, es necesario asignar una clave (*key*) única a cada elemento de la lista. Las claves ayudan a React a identificar eficazmente los elementos que se han añadido, modificado o eliminado, lo que mejora el rendimiento y la gestión de las actualizaciones.

### 6.1 Las claves de los elementos de la lista

Las claves se utilizan para identificar de forma única cada elemento de la lista durante el proceso de renderizado, lo que permite a React detectar los cambios, adiciones o eliminaciones de elementos de manera eficiente.

#### 6.1.1 ¿Por qué son importantes las claves?

Cuando se tiene una lista dinámica con elementos que se pueden añadir, eliminar o modificar, React debe realizar una comparación entre los datos nuevos y los antiguos para averiguar qué elementos se han modificado. Las claves permiten a React evitar volver a re-renderizar todos los elementos de la lista.

Las claves ayudan a React a mantener un seguimiento de la identidad de cada elemento de la lista. Esto significa que si un elemento se mueve dentro de la lista, React podrá identificarlo por su clave y actualizar su ubicación sin tener que volver a renderizarlo por completo.

Cuando añades, eliminas o modificas los elementos dentro de una lista, React debe actualizar el DOM en consecuencia. Si las claves cambian con frecuencia o no son estables, esto puede provocar que se eliminen y añadan componentes, lo que puede ser ineficiente y provocar pérdidas de rendimiento. No es aconsejable utilizar el índice como clave cuando se navega por un array.

### 6.1.2 ¿Cómo asignar claves?

Las claves deben ser valores estables y únicos para cada elemento de la lista. Una buena práctica es utilizar una propiedad única de los datos, como un ID. Esto garantiza que las claves permanezcan estables cuando los datos sean modificados.

**Observación**

*Asegúrese de proporcionar claves únicas para cada elemento de la lista. No proporcionar una clave o asignar claves no únicas puede provocar problemas de rendimiento, de advertencias en la consola del navegador y problemas de comportamiento dentro de su aplicación.*

En resumen, las claves son esenciales a la hora de renderizar listas en React para optimizar el rendimiento, garantizar la estabilidad de los componentes e identificar de forma única cada elemento de la lista. Mediante el uso de claves adecuadas, puede hacer que su aplicación sea más eficiente y reactiva al manejar listas dinámicas con datos cambiantes.

## 6.2 Utilizar una lista

Para usar una lista en React, puede usar el método `map()` para recorrer un array de datos y devolver un array de elementos JSX representando cada elemento del array. Esto permite representar dinámicamente una lista de elementos en función de los datos proporcionados.

Aquí tiene un ejemplo detallado de cómo usar una lista en React con el método `map()`:

```
import React from 'react';

const MyListComponent = () => {
  const data = [
    { id: 1, name: 'Elemento 1' },
    { id: 2, name: 'Elemento 2' },
    { id: 3, name: 'Elemento 3' },
  ];

  return (
    <ul>
      {data.map((item) => (
        <li key={item.id}>{item.name}</li>
      ))}
    </ul>
  );
};

export default MyListComponent;
```

En este ejemplo, tenemos un array `data` que contiene objetos que representan cada elemento de la lista. Cada objeto tiene dos propiedades: `id` y `name`. Utilizamos el método `map()` para recorrer cada objeto del array `data`. Para cada objeto, retornamos un elemento `<li>` que contiene la propiedad `name` del objeto. La clave se asigna a cada elemento de la lista utilizando la propiedad `id` del objeto, que se supone que es única para cada elemento.

Cuando el component `MyListComponent` se renderiza, muestra una lista desordenada (`<ul>`) que contiene los elementos (`<li>`) del array `data`.

Este enfoque se utiliza comúnmente para mostrar listas de elementos dentro de las aplicaciones React y es muy útil para renderizar los datos provenientes de una API, una base de datos o cualquier otra fuente de datos dinámica.

No olvides asignar claves únicas a cada elemento de la lista para optimizar el rendimiento de la renderización y facilitar la gestión de las actualizaciones cuando se modifica una lista.

## 6.3 Las claves y el rendimiento

### Optimización de rendimiento con claves

Cuando se utilizan listas dinámicas, es habitual que los datos puedan ser modificados, añadidos o eliminados. Sin claves, React tendría que volver a re-renderizar todos los elementos de la lista cada vez que se modificaran, lo que puede tener un impacto significativo en el rendimiento, especialmente si la lista es larga.

Al utilizar claves únicas para cada elemento de la lista, React puede realizar una comparación eficiente entre los datos antiguos y los nuevos al actualizar la lista. En otras palabras, gracias a las claves, React puede detectar cambios y actualizar sólo aquellos elementos que han sido modificados, añadidos o eliminados, sin necesidad de volver a renderizar toda la lista. Esto reduce considerablemente la carga de trabajo de React.

Si no proporciona claves o si asigna claves no únicas, React emitirá una advertencia en la consola del navegador para alertarle del problema.

# Capítulo 4
# Los fundamentos de React

## 1. Los componentes

### 1.1 Introducción a los componentes

Los componentes ya han sido abordados, pero aquí vamos a descubrir en profundidad a estos elementos fundamentales de React.

En React, todo se considera un componente, ya sea una simple barra de búsqueda, un formulario de registro o toda una sección de tu aplicación. Los componentes pueden ser elementos visuales como botones o mapas, pero también elementos lógicos que gestionan las interacciones del utilizador o los datos.

#### 1.1.1 Tipos de componentes

Hay dos tipos principales de componentes en React:

- **Componentes de clase**: son clases JavaScript que extienden la clase `React.Component`. Por lo tanto, heredan toda la funcionalidad.
- **Componentes funcionales**: son funciones JavaScript que devuelven JSX (*JavaScript XML*). Son sencillos, pero no se benefician del mecanismo de herencia para poder acceder a todas las funcionalidades presentes en `React.Component`.

Para superar esto, veremos que la solución es utilizar hooks.

**Observación**

*El nombre «hooks», que pude traducirse en español « Gancho », sugiere la idea de «engancharse a» o «injertarse en» algo. En el contexto de React, los hooks permiten«injertan» funcionalidades de React, como la gestión del estado o el ciclo de vida de los componentes, a partir de componentes funcionales que antes solo eran accesibles dentro de los componentes de clase.*

De hecho, desde la aparición de los hooks, los componentes se escriben a menudo utilizando este enfoque. Por el momento, recuerde que los hooks han sido una gran evolución en React. Permiten utilizar toda la potencia y los métodos de React, desde una simple función JavaScript, es decir, un componente funcional.

### 1.1.2 Crear un componente

Para crear un componente en React, puedes usar una función para componentes funcionales o una clase para componentes de clase. El componente devuelve JSX que describe lo que el elemento debe mostrar en la pantalla.

Ejemplo de componente funcional

```
import React from 'react';

const MiComponente = () => {
  return <div>Contenido del componente</div>;
};

export default MiComponente;
```

Ejemplo de componente de clase

```
import React from 'react';

class MiComponente extends React.Component {
  render() {
    return <div>Contenido del componente</div>;
  }
}

export default MiComponente;
```

En las siguientes secciones, exploraremos en detalle los conceptos relacionados con los componentes en React, incluyendo el uso de props, las diferencias entre los componentes funcionales y de clase, y los ciclos de vida de los componentes de clase.

### 1.1.3 Importar un componente

Una vez creado el componente, usted puede utilizarlo y reutilizarlo en su aplicación.

Para utilizar un componente, impórtelo en el archivo en el que desea visualizarlo y, a continuación, insértelo en JSX como un elemento personalizado:

```
import React from 'react';
import MiComponente from './MiComponente';

const App = () => {
  return (
    <div>
      <h1>Mi aplicación React</h1>
      <MiComponente />
    </div>
  );
};

export default App;
```

En este ejemplo, hemos importado el componente MiComponente creado anteriormente y lo hemos utilizado en la función App como un elemento personalizado. Cuando App se renderiza, el contenido del componente `MiComponente` se muestra en el punto donde lo hemos insertado.

Así es como puede crear y utilizar los componentes React en su aplicación. No dude en crear diferentes componentes para distintas partes de su interfaz de usuario y combinarlos para construir una aplicación completa.

El resultado renderizado en el DOM tendrá este aspecto:

```
<div>
  <h1>Mi aplicación React</h1>
  <div>Contenido del componente</div>
</div>
```

También puedes pasar datos a los componentes hijos utilizando props para personalizar su renderizado a las necesidades específicas de tu aplicación.

## 1.2 Utilización de props

Los *props* (o propiedades en español) son uno de los conceptos fundamentales de React, ya que permiten pasar datos de un componente padre a un componente hijo. Los props permiten hacer que los componentes sean dinámicos, ya que posibilitan configurar el contenido y el comportamiento de un componente según los valores que se le pasen.

### 1.2.1 Pasar props a un componente

Para transmitir props a un componente, puede definirlos como atributos en el JSX del componente padre cuando se utiliza. En el componente hijo, los props son accesibles en forma de un objeto JavaScript.

Este es un ejemplo de un componente hijo que recibe props:

```
import React from 'react';

const MiComponente = (props) => {
  return <div>Contenido del componente: {props.nombre}</div>;
};

export default MiComponente;
```

En este ejemplo, hemos definido un componente funcional `MiComponente` que utiliza un `nombre prop`. El contenido del componente mostrará el texto `Contenido del componente:` seguido del valor `del nombre prop`.

Ahora podemos utilizar este componente dentro de un componente padre y pasar un valor para el nombre `prop`:

```
import React from 'react';
import MiComponente from './MiComponente';

const App = () => {
  return (
    <div>
      <h1>Mi aplicación React</h1>
      < MiComponente name="React" />
    </div>
  );
};

export default App;
```

En este ejemplo, hemos utilizado el componente `MiComponente` como elemento personalizado `<MiComponente name="React" />` en el componente padre App. Hemos pasado el valor "`React`" a la prop `name`.

El resultado en el DOM será:

```
<div>
  <h1>Mi aplicación React</h1>
  <div>Contenido del componente: React</div>
</div>
```

### 1.2.2 Uso de props en el componente hijo

En el componente hijo, puede acceder a los props mediante el objeto props. Puede utilizar los valores de los props para personalizar la representación del componente en función de los datos que se le pasen.

Los props son de sólo lectura, lo que significa que no se pueden modificar directamente su valor en el componente hijo. Se utilizan para que el componente sea dinámico, pero si necesitas gestionar un estado modificable, tendrá que utilizar el concepto de *state* (o *estado en español*) en React.

Los props se utilizan para pasar datos de un componente padre a un componente hijo, de forma que éste consuma los datos sin modificarlos. Puede pasar diferentes valores a los mismos componentes para personalizar su renderización según las necesidades específicas de su aplicación.

## 1.3 Diferencias entre componentes funcionales y de clase

Los componentes funcionales son funciones JavaScript que devuelven JSX (JavaScript XML). Son más sencillos de escribir, entender y probar.

También tienen la ventaja de poder utilizarse con hooks (introducidos en React 16.8) para añadir funcionalidades de estado y ciclo de vida a un componente funcional sin usar clases.

Los componentes de clase son clases JavaScript que extienden la clase `React.Component`. Tienen acceso al ciclo de vida de React, lo que significa que pueden gestionar operaciones como inicializar, actualizar y desmontar el componente.

Suelen encontrarse en aplicaciones antiguas o cuando se necesita gestionar estados complejos. Sin embargo, con la introducción de los hooks en React 16.8, los componentes funcionales se han convertido en una opción más popular, ya que permiten escribir código más conciso y fácil de probar.

### ¿Cuándo debe utilizarse cada tipo de componente?

No hay una forma correcta o incorrecta de elegir entre componentes de clase o funcionales. Puede ser una elección personal o incluso dentro de un equipo.

La tendencia ha sido preferir los componentes funcionales por su simplicidad y facilidad de prueba. Sin embargo, la elección entre componentes funcionales y de clase siempre dependerá de las necesidades específicas de tu aplicación y de tus preferencias personales como desarrollador. Si llega a un proyecto que ha existido durante mucho tiempo sólo con componentes de clase, tendrás que adaptarte.

## 1.4 Ciclo de vida de los componentes de clase

Los componentes de clase en React tienen un ciclo de vida compuesto por diferentes etapas o «métodos del ciclo de vida». Estos métodos son funciones especiales que se llaman en puntos específicos del ciclo de vida del componente. Se utilizan para controlar el comportamiento del componente en diferentes etapas de su existencia.

Estos son los principales métodos del ciclo de vida de un componente de clase en React:

- `constructor()` es llamado cuando el componente es instanciado e inicializado. Aquí es donde se puede definir el estado inicial del componente y enlazar métodos a la clase.
- `componentDidMount()` es llamada una vez que el componente está montado en el DOM. Este es un buen lugar para hacer llamadas a APIs externas o para configurar suscripciones a eventos.
- `componentDidUpdate()` es llamada cada vez que el componente es actualizado y re-renderizado en el DOM. Este es un buen lugar para realizar operaciones después de la actualización de un componente, por ejemplo, para actualizar los datos de acuerdo con nuevos props o un nuevo estado.
- `componentWillUnmount()` es llamada justo antes de que el componente sea desmontado del DOM. Este es un buen lugar para limpiar recursos o cancelar suscripciones antes de que el componente sea eliminado.
- `shouldComponentUpdate()` es llamado antes de que el componente sea re-renderizado nuevamente. Permite controlar si el componente debe actualizarse o no, basándose en los nuevos props y el estado actual. Puede devolver `true` para permitir la actualización, o `false` para impedir la actualización.
- `componentDidCatch()` es llamada cuando se producen errores durante el renderizado, en el árbol de renderizado de los componentes hijos. Esto permite capturar los errores y manejarlos adecuadamente para evitar que se muestre una pantalla en blanco o que la aplicación se bloquee por completo.

**Observación**

*Es importante tener en cuenta que algunos de estos métodos no son recomendables y pueden ser eliminados en futuras versiones de React. Por lo tanto, se recomienda consultar la documentación oficial de React para conocer los métodos recomendados en las versiones actuales.*

El ciclo de vida de los componentes de clase puede parecer complejo, pero nos permite controlar con precisión el comportamiento del componente en las distintas etapas de su existencia.

## 1.5 Componentes controlados y no controlados

Los componentes controlados y no controlados son dos enfoques diferentes para la gestión de formularios y datos en componentes React. Cada uno tiene sus ventajas y se adapta a escenarios específicos. Vamos a explorar estos dos conceptos.

### 1.5.1 Componentes controlados

Los componentes controlados son componentes en los que el valor de los campos del formulario está gestionados por el estado del componente. Esto significa que cada campo del formulario tiene un valor que se almacena en el estado del componente y que se actualiza mediante eventos de cambio. Cuando se modifica un campo del formulario, el estado del componente se actualiza para reflejar el nuevo valor.

#### Ejemplo de componente controlado

```
import React, { useState } from 'react';

const MiComponenteControlado = () => {
  const [valor, setValor] = useState('');

  const handleChange = (event) => {
    setValeur(event.target.value);
  };

  return (
    <div>
      <input type="text" value={valor} onChange={handleChange} />
```

```
    </div>
  );
};
```

El campo del formulario está controlado por el estado de `valor`. Cada vez que se modifica el campo de entrada, se llama a la función `handleChange`, actualizando el valor en el estado `valor`.

Pronto veremos en detalle lo que hace la función `useState`. Es importante entender que, para modificar el `valor`, es necesario llamar a `setValue`. Cada vez que cambie el valor, el componente se renderizará de nuevo, mostrando el valor actualizado en el `input`.

### 1.5.2 Componentes no controlados

Los componentes no controlados son los componentes en los que el valor de los campos del formulario es gestionado directamente por el DOM. En este caso, no se almacena el valor de los campos del formulario en el estado del componente. En su lugar, deje que el DOM gestione el valor del campo del formulario y acceda a ese valor cuando lo necesite.

#### Ejemplo de componente no controlado

```
import React, { useRef } from 'react';

const MonComposantNonControle = () => {
  const inputRef = useRef();

  const handleClick = () => {
    console.log(inputRef.current.value);
  };

  return (
    <div>
      <input type="text" ref={inputRef} />
      <button onClick={handleClick}>Mostrar valor</button>
    </div>
  );
};
```

Utilizamos el hook `useRef` para acceder al elemento DOM correspondiente al input. Cuando se pulsa el botón, utilizamos la referencia al elemento del DOM para acceder al valor del campo del formulario sin necesidad de almacenar este valor en el estado del componente. Una vez más, `useRef` se explicará en detalle en la sección sobre hooks.

### 1.5.3 ¿Cuándo debe utilizarse cada enfoque?

A la hora de gestionar formularios en React, la elección entre componentes controlados y no controlados es crucial:

- Utilice componentes controlados cuando desee gestionar los valores de los campos del formulario en el estado del componente. Esto le permite mantener el control sobre los datos y manipularlos fácilmente.
- Utilice componentes no controlados cuando necesite acceder a los valores de los campos del formulario de forma más directa, sin almacenarlos en el estado del componente. Esto puede ser útil cuando necesites acceder a valores de formulario para operaciones puntuales, como la validación de datos.

Los componentes controlados son más utilizados, ya que ofrecen un mayor control sobre los datos del formulario y están más en línea con el enfoque de gestión de estados de React.

Los componentes no controlados pueden ser útiles en algunos casos específicos en los que necesitas acceder a los valores del formulario más directamente sin almacenarlos en el estado del componente. Es importante destacar que en este caso estás aprovechando la funcionalidad básica del navegador y hay menos carga sobre React.

## 1.6 Componentes con estado (stateful) y sin estado (stateless)

Los componentes con estado y sin estado son dos tipos de componentes React que difieren en la manera en que gestionan y utilizan el estado. A veces también se les denomina *smart component* y *dumb component*, o *container component* y *presentational component*. Estos aspectos se tratarán en el capítulo Dominar los design patterns de React.

## 1.6.1 Componentes con estado

Tienen la capacidad de gestionar y mantener un estado interno. Utilizan el estado para almacenar los datos que pueden cambiar con el tiempo, y pueden desencadenar actualizaciones para reflejar los cambios de estado. Los componentes con estado suelen ser clases que extienden `React.Component` o utilizan el hook `useState` para gestionar su estado.

### Ejemplo de un componente con estado que utiliza una clase

```
import React, { Component } from 'react';

class ComponenteConEstado extends Component {
  constructor(props) {
    super(props);
    this.state = {
      contador: 0,
    };
  }

  incrementarContador = () => {
    this.setState((prevState) => ({
      contador: prevState.contador + 1,
    }));
  };

  render() {
    return (
      <div>
        <p>Contador: {this.state.contador}</p>
        <button onClick={this.incrementarContador}>Incrementar</button>
      </div>
    );
  }
}

export default ComponenteConEstado;:
```

## 1.6.2 Componentes sin estado

Los componentes sin estado se caracterizan por su falta de estado interno. Se limitan a recibir datos (en forma de props) como entrada y los muestran dentro de su renderizado.

**Ejemplo de componente sin estado**

```
import React from 'react';

const ComponenteSinEstado = (props) => {
  return (
    <div>
      <p>Mensaje: {props.mensaje}</p>
    </div>
  );
};

export default ComponenteSinEstado;:
```

### 1.6.3 ¿Cuándo debe utilizarse cada tipo de componente?

Cuando se trata de diseñar componentes en React, la distinción entre componentes con estado y sin estado es particularmente importante:

- Utilice componentes con estado en situaciones en las que se requiera la gestión de datos cambiantes, capaces de desencadenar actualizaciones dentro del componente. Los componentes con estado son ventajosos para la funcionalidad dinámica que requiere la supervisión del estado.
- Opte por componentes sin estado cuando se trate de funcionalidades básicas que dependan únicamente de datos transmitidos mediante props. Los componentes sin estado presentan la ventaja de ser más ligeros y fáciles de escribir y entender.

## 1.7 Composición y jerarquía de los componentes

Los conceptos esenciales de React se refieren a la composición y jerarquía de los componentes. Estos conceptos determinan la estructuración y organización de los componentes unos respectos a otros. Es importante dominar los distintos tipos de componentes, así como la gestión de estados, para poder planificar la composición de la forma más eficaz posible.

### Jerarquizar sus componentes

La jerarquía de componentes se refiere a la estructura de árbol que forman los componentes entre sí. Esto tendrá un impacto en términos de rendimiento, ya que en React, un re-renderizado de un componente es inducido principalmente por modificaciones en su propio estado o tras un re-renderizado de su componente padre.

Ejemplo de jerarquía de componentes

```
- App
  - Header
  - Sidebar
  - Content
    - Post
    - Comment
  - Footer
```

En esta ilustración, el componente raíz se denomina `App`, e incluye varios componentes hijos como `Header`, `Sidebar`, `Content` y `Footer`. A su vez, el componente `Content` contiene sus propios componentes hijos, como `Post` y Comment. La estructura jerárquica de los componentes simplifica la percepción de la organización de la interfaz de usuario. También facilita la gestión metódica de los datos y las interacciones.

# 2. Los props y el estado local

## 2.1 Introducción a los props y al estado local

En el contexto del desarrollo de aplicaciones React, dos conceptos fundamentales, a saber, los props y el state, juegan un papel crucial en la comunicación entre componentes y la gestión de datos dinámicos. Esta sección presenta estos conceptos básicos en detalle.

**Observación**

*En realidad, la palabra "props" no es un término español, pero en la comunidad React se sigue utilizando habitualmente, incluso en singular: "Un prop, props".*

### 2.1.1 Props

Los props se utilizan como mecanismo principal para pasar datos de un componente padre a un componente hijo. Los componentes React tienen la capacidad de recibir valores, que son esencialmente parámetros o de atributos. Los props son de solo lectura, lo que significa que el componente hijo no puede alterar directamente los valores recibidos a través de los props.

El uso de props proporciona a los componentes una mayor flexibilidad y una reutilización. Permiten la inyección de datos externos en los componentes sin necesidad de gestionar la lógica interna dentro de los mismos. Además, facilitan la comunicación entre los distintos componentes, haciendo más fácil crear una jerarquía estructurada de elementos. Si un componente no se encarga de gestionar cierta lógica, simplemente puede recibir datos y mostrarlos.

En los ejemplos anteriores, había props. Es posible que incluso haya comprendido la lógica con sólo leer el código. Un componente padre devuelve un componente hijo desde el cuerpo de su función, y pasa atributos personalizados a este componente hijo, estos son los props:

```
// Componente padre
import React from 'react';
import ChildComponent from './ChildComponent';

const ParentComponent = () => {
  const name = "John Doe";
  return (
    <div>
      <ChildComponent name={name} /> // Aquí, un nombre de prop
    </div>
  );
};

export default ParentComponent;
```

Por otro lado, el componente hijo recibe estos props como entrada a la función (si es un componente funcional) en forma de objeto.

```
// Componente hijo
import React from 'react';

const ChildComponent = (props) => {
  return (
    <div>
      <h2>Hello, {props.name}!</h2>
    </div>
  );
};

export default ChildComponent;
```

En este ejemplo, el `ParentComponent` pasa un `prop name` al componente hijo `ChildComponent`. El componente hijo utiliza esta prop para mostrar un mensaje de bienvenida personalizado.

### 2.1.2 El estado (state)

Aquí hablaremos del estado local del componente, y más adelante veremos otro concepto, el estado global de la aplicación.

**Observación**

*Al igual que ocurre con los props, el término «state» se utiliza muy a menudo en la comunidad española de React. El concepto es el mismo si escucha hablar de «local state» o «estado local».*

A diferencia de los props, el estado local se gestiona dentro de un componente y se utiliza para contener los datos que pueden cambiar en el transcurso del tiempo. Estos estados locales se gestionan mediante el hook `useState` en el caso de componentes funcionales o mediante el método `setState` en el contexto de componentes de clase.

Cuando el estado local de un componente experimenta un cambio, React activa automáticamente una actualización del componente. Esta actualización hace que el componente vuelva a renderizarse con los valores de estado actualizados, garantizando una experiencia de usuario acorde con los cambios que se han producido en los datos.

Ejemplo de utilización del estado local

```
import React, { useState } from 'react';

const Counter = () => {
  const [count, setCount] = useState(0);

  const increment = () => {
    setCount(count + 1);
  };

  return (
    <div>
      <h3>Contador: {count}</h3>
      <button onClick={increment}>Incrementar</button>
    </div>
  );
};

export default Counter;
```

En este ejemplo, el componente `Counter` utiliza el estado local denominado `count`, así como la función `setCount` para gestionar un contador. Cada vez que el usuario hace clic en el botón, se actualiza el estado local, lo que desencadena una nueva representación del componente `Counter` con el valor actualizado del contador.

Los props sirven para transmitir los datos del componente padre al componente hijo, mientras que el estado local se utiliza para gestionar datos dinámicos dentro de un componente específico. La hábil combinación de estos dos conceptos es fundamental para crear aplicaciones React.

## 2.2 Utilización de props

En esta sección, exploraremos cómo usar props en los componentes React.

### 2.2.1 Transmisión de datos de padres a hijos

Los props permiten transmitir datos del componente padre al componente hijo de una forma muy sencilla.

En el componente padre, se utiliza el componente hijo pasándole datos a través de las props.

```
// Composant parent
import React from 'react';
import ChildComponent from './ChildComponent';

const ParentComponent = () => {
  const dataToPass = "Datos transmitidos del padre al hijo";

  return (
    <div>
      <ChildComponent data={dataToPass} />
    </div>
  );
};

export default ParentComponent;
```

En el componente hijo, puede acceder a los datos transmitidos por el componente padre a través de las props.

```
// Componente hijo
import React from 'react';

const ChildComponent = (props) => {
  return (
    <div>
      <p>{props.data}</p>
    </div>
  );
};

export default ChildComponent;
```

En este ejemplo, los datos denominados `dataToPass` se transmiten desde el componente padre (`ParentComponent`) al componente hijo (`ChildComponent`) utilizando los props `data`. Estos datos son luego mostrados en un párrafo por el componente hijo.

Este mecanismo ilustra cómo se transfieren los datos del componente padre al hijo a través de los props.

### 2.2.2 Utilizar props por defecto

Usted tiene la posibilidad de definir valores por defecto para los props utilizando la propiedad estática `defaultProps` dentro de un componente de clase.

Cuando un props no se pasa desde el componente padre al componente, entonces adoptará el valor por defecto especificado en `defaultProps`. Este enfoque permite garantizar la presencia de valores alternativos para los props cuando no se especifican explícitamente.

A continuación, se explica cómo utilizar props por defecto con `defaultProps`:

```
class MyComponent extends Component {
  static defaultProps = {
    label: 'Hello !'
  };

  render() {
    return <h1>{this.props.label}</h1>;
  }
}
```

En un componente funcional, todo lo que tienes que hacer es desestructurar el objeto de entrada que contiene los props, y asignar un valor por defecto:

```
function MiComponente ({label = '¡Hola!' }) {
  return <h1>{label}</h1>;
}
```

El uso inteligente de props por defecto proporciona una mayor flexibilidad a los componentes, a la vez que proporciona valores alternativos para los props. Este enfoque garantiza que su aplicación siga funcionando correctamente incluso cuando falten determinados datos o no se proporcionen explícitamente.

## 2.3 Estado local

Para utilizar el estado local en un componente funcional, `utilizamos` el hook `useState`, y en un componente de clase, utilice el método `setState`.

### 2.3.1 Utilización del hook useState para gestionar el estado local

El hook `useState` es una función integrada en React que permite gestionar el estado local en componentes funcionales. Permite declarar una variable de estado y una función de actualización asociada, haciendo que el componente sea reactivo a los cambios de estado. A continuación, se explica cómo utilizar el hook `useState` para gestionar el estado local en un componente funcional.

Para utilizar el hook `useState`, primero debe importarlo desde el paquete `React`.

```
import React, { useState } from 'react';
```

A continuación, puede utilizar `useState` llamando a la función y pasándole el valor inicial del estado. `useState` devuelve un array que contiene la variable de estado y su función de actualización.

```
const MyComponent = () => {
  const [count, setCount] = useState(0); }
;
```

En este ejemplo, declaramos una variable de estado `count` con un valor inicial de 0. La función `setCount` es la función de actualización que nos permitirá modificar el valor de `count` posteriormente.

**Observación**

*Dado que `useState` devuelve un array, utilizamos esta sintaxis entre corchetes para dar un nombre más explícito a los datos e igualmente a la función de actualización.*

Ahora puedes utilizar la variable de estado `count` en `cualquier` parte del componente, y cuando quiera modificar su valor, simplemente llame a la función de actualización `setCount`.

```
const MyComponent = () => {
  const [count, setCount] = useState(0);

  const increment = () => {
    setCount(count + 1);
  };

  return (
    <div>
      <h2>Contador: {count}</h2>
      <button onClick={increment}>Incrementar</button>
    </div>
  );
};
```

### 2.3.2 Modificar el estado local con setState (para componentes de clase)

En los componentes de clase, puede utilizar el método `setState` para modificar el estado local. Este método actualiza el estado de un componente, lo que desencadena una nueva renderización del componente utilizando los nuevos valores de estado. El término utilizado es *re-render*. Veremos cómo utilizar `setState` en un componente de clase.

En el constructor del componente, puede definir el estado inicial creando una propiedad `state` que contenga un objeto que represente las diferentes variables de estado con sus valores iniciales.

```
import React, { Component } from 'react';

class MyComponent extends Component {
  constructor() {
    super();
    this.state = {
      count: 0,
      message: '¡Hola!',
    };
  }
}
```

Definimos el estado inicial con dos variables de estado: `count` inicializado a `0` y `message` inicializado a `"¡Hola!`

Para modificar el estado local, utilice el método setState, pasándole un objeto que represente los cambios de estado que desee realizar. React fusionará automáticamente este objeto con el estado actual del componente y activará una nueva re-renderización con los nuevos valores.

```
class MyComponent extends Component {
  constructor() {
    super();
    this.state = {
      count: 0,
      message: '¡Hola!',
    };
  }

  increment = () => {
    this.setState({ count: this.state.count + 1 });
  };

  render() {
    return (
      <div>
        <h2>Compteur: {this.state.count}</h2>
        <p>Message: {this.state.message}</p>
        <button onClick={this.increment}>Incrémenter</button>
      </div>
    );
  }
}
```

En este ejemplo, la función increment ha sido definida para utilizar setState incrementando el valor de count en uno. Cuando se pulsa el botón, se ejecuta la función de increment, actualizando el estado local del count. Esta actualización hace que el componente se vuelva a re-renderizar, mostrando así el nuevo recuento.

### 2.3.3 Comparación entre props y el estado local

Props

- Inmutables: una vez pasados a un componente, los props son inmutables, lo que significa que su valor no puede ser modificado a partir de este componente.
- Transmitir los datos del componente padre al componente hijo: los props se utilizan para transmitir los datos del componente padre al componente hijo. Ellos permiten definir el comportamiento o la visualización de un componente hijo en función de los valores recibidos.
- Comunicación unidireccional: los datos fluyen unidireccionalmente, de padre a hijo. Un componente hijo no puede alterar los props recibidos, solamente puede utilizarlos.
- Utilizados para la configuración: los props se utilizan frecuentemente para configurar un componente hijo según su contexto o de sus necesidades específicas.

Estado local

- Mutable: a diferencia de los props, el estado local es mutable. Su valor puede modificarse desde el componente que lo contiene, utilizando métodos apropiados como `setState` en componentes de clase o el hook `useState` en los componentes funcionales.
- Gestión de datos internos: el estado local está diseñado para gestionar datos específicos de un componente determinado, que pueden cambiar con el tiempo.
- Comunicación interna: el estado local permite al componente gestionar sus propios datos y estado en respuesta a la interacción del usuario o a los cambios de contexto, sin tener que interferir con el componente padre.
- Uso para el renderizado dinámico: el estado local se utiliza a menudo para hacer que un componente responda, ajustando su contenido o su apariencia en respuesta a los cambios de estado.

# 3. Los hooks

## 3.1 Introducción a los hooks

Los hooks representan un avance significativo que apareció con React 16.8, diseñado para dar a los componentes funcionales la capacidad de gestionar el estado local y otras funcionalidades que antes estaban reservadas a los componentes de clase.

Antes de la introducción de los hooks, la gestión del estado local en los componentes funcionales era más compleja, y a menudo implicaba técnicas como los componentes *de orden superior* (HOC - *Higher-Order Components*) o el renderizado condicional basado en props (render props). Los hooks han simplificado este proceso permitiendo a los componentes funcionales explotar funciones especiales para gestionar el estado y otras funcionalidades relacionadas.

## 3.2 Problemas con los componentes de clase

Los componentes de clase eran el método principal para escribir componentes en React antes de que se introdujeran los hooks. Aunque todavía se brindan soporte, el uso de componentes de clase puede conllevar algunos problemas y desventajas.

Los componentes de clase tienen una sintaxis más verbosa que los componentes funcionales. Requieren un constructor, métodos de ciclo de vida y el uso de `this` para acceder a props y estado. Vincularse a `this` puede ser una fuente de errores y confusión, especialmente cuando se pasan funciones como props o se trabaja con métodos del ciclo de vida.

La gestión de estados con `setState` en los componentes de clase puede ser propensa a errores, particularmente cuando se tienen varios estados que gestionar o se necesita actualizar un estado basándose en su estado anterior.

El uso de la herencia de clases para ampliar la funcionalidad puede dar lugar a complicadas jerarquías de clases difíciles de mantener.

Los componentes de clase se han utilizado durante mucho tiempo y siguen siendo compatibles con React. Pueden ser apropiados en determinadas situaciones, sobre todo cuando se trabaja en proyectos ya existentes que los utilizan.

Con la integración de hooks en React, la recomendación actual es adoptar los componentes funcionales acompañados de estos hooks para escribir elementos más ágiles y ligeros que sean fáciles de leer y mantener.

## 3.3 Los principales hooks incorporados

### 3.3.1 useState

El hook `useState` permite a los componentes funcionales gestionar su propio estado local sin tener que utilizar clases. Utilizando `useState`, puede especificar variables de estado y funciones de actualización asociadas dentro de su componente.

Cada vez que se modifica el estado, el componente se reinicia automáticamente afín de reflejar los cambios.

Sintaxis

```
const [state, setState] = useState(initialState);
```

`state`: es la variable de estado que almacena el valor actual. Puedes darle un nombre que describa los datos que representa.

`setState`: es la función utilizada para actualizar el valor del estado. Cuando se llama a `setState`, React programa una nueva ejecución del componente con el valor actualizado. Ya hemos visto el ejemplo del contador en React, y es muy útil para ilustrar useState.

Ejemplo de utilización

```
import React, { useState } from 'react';

const Counter = () => {
  const [count, setCount] = useState(0);

  const handleIncrement = () => {
    setCount(count + 1);
```

```
  };

  const handleDecrement = () => {
    setCount(count - 1);
  };

  return (
    <div>
      <h2>Compteur: {count}</h2>
      <button onClick={handleIncrement}>Incrementar</button>
      <button onClick={handleDecrement}>Disminuir</button>
    </div>
  );
};

export default Counter;:
```

Cada llamada a useState crea un par estado-función de actualización distinta. Esto significa que puedes utilizar `useState` varias veces en el mismo componente para gestionar diferentes estados locales.

### 3.3.2 useEffect

El hook `useEffect` es otro hook esencial de React que permite a los componentes funcionales manejar efectos secundarios, como llamadas a la API, suscripción a eventos o modificaciones del DOM. Desempeña un papel similar al de los métodos de ciclo de vida de los componentes de clase, como `componentDidMount`, `componentDidUpdate` y `componentWillUnmount`.

Sintaxis

```
useEffect(() => {
  // Código ejecutado tras el renderizado inicial y cada vez que se
actualiza el componente
  return () => {
    // Código de limpieza ejecutado cuando se desmonta el componente
  };
}, [dependencias]);
```

La función suministrada a `useEffect` representa el código que se ejecuta después de que el componente se renderiza por primera vez y después de cada actualización posterior. Esta función está diseñada para gestionar los efectos secundarios (*side effects*).

La función de limpieza, devuelta por `useEffect`, se utiliza para realizar tareas de limpieza cuando se desmonta el componente. Puede utilizarse para acciones como revocar suscripciones o liberar recursos.

La tabla de dependencias (que es opcional) permite especificar las dependencias del `useEffect`. Cuando este array está vacía, el `useEffect` se ejecuta una sola vez, inmediatamente después de la primera renderización. Al proporcionar dependencias, el `useEffect` sólo se ejecuta después de que una de estas dependencias haya sufrido un cambio.

### Ejemplo de utilización

```
import React, { useState, useEffect } from 'react';

const Timer = () => {
  const [seconds, setSeconds] = useState(0);

  useEffect(() => {
    const intervalId = setInterval(() => {
      setSeconds((prevSeconds) => prevSeconds + 1);
    }, 1000);

    // Código de limpieza que se ejecuta cuando se desmonta el componente
    return () => {
      clearInterval(intervalId);
    };
  }, []); // Sin dependencias, el useEffect se ejecutará sólo una vez
después de la renderización inicial

  return (
    <div>
      <h2>Timer: {seconds} segundos</h2>
    </div>
  );
};

export default Timer;
```

En este ejemplo, usamos el hook `useEffect` para iniciar un temporizador que incrementa el número de segundos cada segundo. El código efectivo se define dentro de la función pasada a `useEffect`, y se ejecuta una vez, después del renderizado inicial del componente. Devolviendo una función de limpieza, con esto podemos asegurarnos de que el intervalo del temporizador se cancela cuando se desmonta el componente, evitando así fugas de memoria.

El hook `useEffect` es una excelente alternativa a los métodos del ciclo de vida en los componentes de clase, y facilita la gestión de los efectos secundarios en los componentes funcionales. Esto también permite mejorar el rendimiento controlando cuándo se ejecutan y se limpian los efectos.

### 3.3.3 useContext

El hook `useContext` se utiliza para acceder al contexto en los componentes funcionales. El contexto es un mecanismo de React que permite compartir datos entre componentes sin tener que pasarlos explícitamente mediante los props a través de todos los niveles del árbol de componentes.

Sintaxis

```
const valor = useContext(Contexto);
```

`Context`: es el objeto de contexto creado con `React.createContext`. Se utiliza para acceder a datos compartidos entre componentes.

Ejemplo de utilización

```
// Archivo: ThemeContext.js
import { createContext, useState } from 'react';

const ThemeContext = createContext();

const ThemeProvider = ({ children }) => {
  const [theme, setTheme] = useState('light');

  return (
    <ThemeContext.Provider value={{ theme, setTheme }}>
      {children}
    </ThemeContext.Provider>
  );
};

export { ThemeProvider, ThemeContext };
```

En este ejemplo, creamos un contexto llamado `ThemeContext` con `createContext` y proporcionamos valores por defecto para el tema y la función `setTheme`. A continuación, envolvemos nuestra aplicación con el proveedor de contexto `ThemeProvider`, que suministra los valores de contexto a todos sus componentes hijos.

```
// Archivo: App.js
import React from 'react';
import { ThemeProvider } from './ThemeContext';
import Header from './Header';
import MainContent from './MainContent';
import Footer from './Footer';

const App = () => {
  return (
    <ThemeProvider>
      <Header />
      <MainContent />
      <Footer />
    </ThemeProvider>
  );
};

export default App;
```

En este archivo App.js, envolvemos nuestros componentes `Header`, `MainContent` y `Footer` con el proveedor de contexto `ThemeProvider`. Esto permite a todos los componentes hijos acceder a los valores del tema sin necesidad de pasarlos manualmente a través de las props.

```
// Archivo: Header.js
import React, { useContext } from 'react';
import { ThemeContext } from './ThemeContext';

const Header = () => {
  const { theme, setTheme } = useContext(ThemeContext);

  const toggleTheme = () => {
    setTheme(theme === 'light' ? 'dark': 'light');
  };

  return (
    <header>
      <h1>Mi Aplicacion</h1>
      <button onClick={toggleTheme}>Cambiar tema</button>
```

```
    </header>
  );
};

export default Header;:
```

En el componente `Header`, utilizamos `UseContext` para acceder a los valores `Theme` y `SetTheme` en el contexto `ThemeContext`. A continuación, podemos utilizar estos valores para mostrar el tema actual y permitir al usuario cambiarlo haciendo clic en el botón **Cambiar tema**.

### 3.3.4 useReducer

El hook `useReducer` se utiliza para gestionar un estado complejo en un componente funcional utilizando un concepto similar al de Redux. Proporciona una alternativa a `useState` cuando el estado del componente se vuelve más complejo o requiere actualizaciones basadas en el estado anterior.

Sintaxis

```
const [state, dispatch] = useReducer(reducer, initialState);
```

`state`: es la variable de estado que almacena el valor actual. Puede ser un objeto, un array o cualquier otra estructura de datos dependiendo de tus necesidades.

`dispatch`: es una función que se utiliza para desencadenar acciones que actualizan el estado. Cuando se llama a `dispatch` con una acción, esta se transmite al reducer, que calcula el nuevo estado en función de la acción.

Ejemplo de utilización

```
import React, { useReducer } from 'react';

const initialState = { count: 0 };

const reducer = (state, action) => {
  switch (action.type) {
    case 'incrementar':
      return { count: state.count + 1 };
    case 'diminuir':
      return { count: state.count - 1 };
    default:
      return state;
```

```
    }
};

const Counter = () => {
  const [state, dispatch] = useReducer(reducer, initialState);

  return (
    <div>
      <h2>Contador: {state.count}</h2>
      <button onClick={() => dispatch({ type: 'incrementar' })}>
Incrementar</button>
      <button onClick={() => dispatch({ type: 'diminuir' })}>
Diminuir</button>
    </div>
  );
};

export default Counter;:
```

En este ejemplo, utilizamos el hook `useReducer` para gestionar un estado de `count` con un valor inicial de `0`. También definimos igualmente un reducer que toma el estado actual y una acción, luego calcula y devuelve el nuevo estado en función de la acción. A continuación, utilizamos la función `dispatch` para lanzar las acciones de incremento y decremento cuando se pulsan los botones correspondientes.

Este hook ofrece un enfoque más estructurado para gestionar el estado en componentes funcionales y puede ser especialmente útil para aplicaciones con una lógica de estado más avanzada e interacciones complejas.

### 3.3.5 useCallback

El hook `useCallback` se utiliza para optimizar el rendimiento al memorizar una función entre las representaciones sucesivas de renderizacion del componente. Esto evita que la función tenga que recrearse cada vez que se renderiza el componente, lo que puede provocar problemas de rendimiento cuando esta función se utiliza como prop en componentes hijos.

### Sintaxis

```
const memoizedCallback = useCallback(
  () => {
    // Código de la función
  },
  [dependencies]
);
```

La función pasada a `useCallback` es la función que desea memorizar entre renderizaciones.

La tabla de `dependencies` (opcional) especifica las dependencias de la función. Si las dependencias cambian, la función se recalcula y se almacena de nuevo. Si el array está vacío, la función se crea una vez cuando el componente se renderiza por primera vez.

### Ejemplo de uso

```
import React, { useState, useCallback } from 'react';

const Counter = () => {
  const [count, setCount] = useState(0);

  const increment = useCallback(() => {
    setCount(count + 1);
  }, [count]);

  return (
    <div>
      <h2>Contador: {count}</h2>
      <button onClick={increment}>Incrementar</button>
    </div>
  );
};

export default Counter;:
```

En este ejemplo, utilizamos `useCallback` para mantener en memoria la función de incremento, que incrementa el contador de `conteo` cuando es llamada. Especificamos `[count]` como dependencia, lo que significa que la función de `incremento` se recalculará y se mantendrá en memoria cada vez que cambie el valor del `recuento`. Esto evita la necesidad de recrear la función de `incremento` cada vez que se renderiza el componente, lo que a su vez evita cualquier renderización innecesaria y cualquier impacto en el rendimiento.

El hook `useCallback` es útil cuando transmitimos funciones como props a componentes hijos. Gracias a `useCallback`, puede garantizar que estas funciones no se recrearán cada vez que se renderice el componente padre. Esta opción puede mejorar considerablemente el rendimiento general de su aplicación.

### 3.3.6 useMemo

El hook `useMemo` se utiliza para optimizar el rendimiento memorizando el valor calculado de una expresión entre las renderizaciones sucesivas del componente. Esto evita que la expresión se vuelva a calcular cada vez que se renderiza el componente, lo que puede provocar problemas de rendimiento para cálculos pesados.

Sintaxis

```
const memoizedValue = useMemo(
  () => {
    // Código para calcular el valor
     return computedValue;
  },
  [dependencies]
);
```

La función pasada a `useMemo` es la expresión cuyo valor desea memorizar.

El array opcional de `dependencias` especifica las dependencias de la expresión. Si las dependencias cambian, la expresión se recalcula y se almacena el nuevo valor. Si el array está vacío, la expresión se calcula una vez cuando el componente se renderiza por primera vez.

Ejemplo de utilización

```
import React, { useState, useMemo } from 'react';

const Fibonacci = () => {
  const [number, setNumber] = useState(1);

  const fibonacciNumber = useMemo(() => {
    // Calcula la secuencia de Fibonacci
    if (number === 1 || number === 2) {
      return 1;
    } else {
```

```
      let prev = 1;
      let curr = 1;
      for (let i = 3; i <= number; i++) {
        const next = prev + curr;
        prev = curr;
        curr = next;
      }
      return curr;
    }
  }, [number]);

  return (
    <div>
      <h2>Suite de Fibonacci de {number}: {fibonacciNumber}</h2>
      <input
        type="number"
        value={number}
        onChange={(e) => setNumber(parseInt(e.target.value))}
      />
    </div>
  );
};

export default Fibonacci;:
```

En este ejemplo, `usamos useMemo` para almacenar el valor calculado de la secuencia Fibonacci hasta `number`. Cada vez que el usuario cambia el valor de `number`, el `useMemo` recalcula y almacena el nuevo valor de `fibonacciNumber` sólo cuando cambia la dependencia de `number`. Esto evita recalcular la secuencia de Fibonacci cada vez que se renderiza el componente, lo que puede ser muy costoso para números grandes.

El hook `useMemo` es útil para optimizar el rendimiento de la aplicación evitando recálculos innecesarios. Utilícelo cuando tenga que realizar cálculos o procesamientos pesados en sus componentes, y estos cálculos no necesiten realizarse cada vez que se renderice el componente. Sin embargo, estos casos deben seguir siendo excepcionales. Si utiliza a menudo `useMemo` en su aplicación, el problema puede estar en otra parte.

### 3.3.7 useRef

El hook `useRef` se utiliza para crear una referencia mutable a un elemento DOM o a un valor en un componente funcional. A diferencia de `useState`, la actualización de una referencia mediante `useRef` no provoca que el componente se vuelva a renderizar. Esto lo convierte en una excelente opción para almacenar valores que no necesitan activar una actualización del componente cuando cambian.

Sintaxis

```
const refContainer = useRef(initialValue);
```

`refContainer`: es el objeto de referencia que se utilizará para almacenar el valor o elemento DOM.

`initialValue`: es el valor inicial que se desea asignar a la referencia (opcional).

Ejemplo de utilización

```
import React, { useRef, useEffect } from 'react';

const TextInput = () => {
  const inputRef = useRef();

  useEffect(() => {
    inputRef.current.focus();
  }, []);

  return (
    <div>
      <input type="text" ref={inputRef} />
      <button onClick={() => inputRef.current.focus()}>Focus</
button>
    </div>
  );
};

export default TextInput;
```

En este ejemplo, usamos `useRef` para crear una referencia (`inputRef`) que apunta al elemento `<input>` en el DOM. Cuando el componente es montado, utilizamos `useEffect para` llamar a la función `focus()` en la referencia `inputRef`, que automáticamente se centra en el elemento `<input>`.

Cuando se actualiza una referencia mediante `useRef`, el componente no vuelve a renderizarse. Esto significa que puede almacenar valores que cambien con el tiempo sin que el componente vuelva a renderizarse innecesariamente.

El hook `useRef` se utiliza a menudo para acceder a valores o elementos DOM fuera del contexto de renderizado del componente, por ejemplo, para realizar las operaciones de acceso directo o para utilizar bibliotecas de terceros que requieren acceso a los elementos DOM.

### 3.3.8 useImperativeHandle

El hook `useImperativeHandle` se utiliza para controlar cómo una instancia de un componente funcional expone sus funciones imperativas a los componentes padre. Esto permite definir explícitamente qué funciones serán accesibles fuera del componente funcional, de forma similar a `ref` dentro de los componentes de clase.

Sintaxis

```
useImperativeHandle(ref, createHandle, [dependencies]);
```

`ref`: la referencia pasada desde el componente padre mediante `useRef`.

`createHandle`: una función que devuelve un objeto con las funciones imperativas que desea exponer al componente padre.

`dependencies`: las dependencias que desencadenan la actualización de `createHandle` (opcional).

Ejemplo de utilización

```
import React, { useRef, useImperativeHandle, forwardRef } from
'react';

const FancyInput = forwardRef((props, ref) => {
  const inputRef = useRef();

  // Exponer la función focusInput() fuera del componente
  useImperativeHandle(ref, () => ({
    focusInput: () => {
      inputRef.current.focus();
    }
  }));
```

```
  return (
    <input type="text" ref={inputRef} />
  );
});

export default FancyInput;
```

En este ejemplo, hemos creado un componente `FancyInput` que envuelve un elemento `<input>` y utiliza `useImperativeHandle` para exponer la función `focusInput()` fuera del componente. Esta función pone el focus en el elemento `<input>` cuando el componente padre llama a la referencia `ref` con el método `focusInput()`.

```
import React, { useRef } from 'react';
import FancyInput from './FancyInput';

const ParentComponent = () => {
  const fancyInputRef = useRef();

  const handleButtonClick = () => {
    // Llama a la función focusInput() expuesta por el componente
FancyInput
    fancyInputRef.current.focusInput();
  };

  return (
    <div>
      <FancyInput ref={fancyInputRef} />
      <button onClick={handleButtonClick}> Centrarse el focus en
la información </button>
    </div>
  );
};

export default ParentComponent;
```

En el componente padre `ParentComponent`, utilizamos `useRef` para crear una referencia `fancyInputRef` que luego pasamos a `FancyInput`. Gracias a `useImperativeHandle`, podemos llamar a la función `focusInput()` del componente `FancyInput` directamente desde el componente padre cuando se pulsa el botón.

El hook `useImperativeHandle` es útil cuando se necesita exponer funciones o acciones específicas de un componente hijo a un componente padre. Esto le proporciona un mayor control sobre la interfaz entre componentes funcionales y define claramente las interacciones entre ellos.

### 3.3.9 useLayoutEffect

El hook `useLayoutEffect` es similar al hook `useEffect`, pero se ejecuta de manera sincrónica, después de que se hayan realizado todas las mutaciones del DOM, y antes de que el navegador renderice en la pantalla. Esto lo hace útil para tareas que requieren acceso a las propiedades de diseño (layout) del DOM, ya que están disponibles en ese momento.

Sintaxis

```
useLayoutEffect(() => {
  // Código a ejecutar después de las mutaciones del DOM, pero
antes de la renderización
  return () => {
    // Código de limpieza si es necesario
  };
}, [dependencies]);
```

La función pasada a `useLayoutEffect` se ejecuta de manera sincrónica después de cada renderización del componente.

La tabla de `dependencias` (opcional) especifica las dependencias para controlar cuándo debe ejecutarse el gancho.

Ejemplo de utilización

```
import React, { useLayoutEffect, useState } from 'react';

const ResizeAwareComponent = () => {
  const [width, setWidth] = useState(0);

  useLayoutEffect(() => {
    const handleResize = () => {
      setWidth(window.innerWidth);
    };

    // Escucha el evento de redimensionamiento de la ventana
    window.addEventListener('resize', handleResize);
```

```
    // Limpiar el evento cuando se desmonta el componente
    return () => {
      window.removeEventListener('resize', handleResize);
    };
  }, []); // Sin dependencias, ya que sólo escuchamos cuando se monta/
desmonta el componente

  return (
    <div>
      <h2> Ancho de ventana: {width}px</h2>
    </div>
  );
};

export default ResizeAwareComponent;
```

En este ejemplo, usamos `useLayoutEffect` para escuchar el evento de redimensionamiento de la ventana y actualizar la anchura de la ventana en el estado `width`. Al utilizar `useLayoutEffect`, nos aseguramos de que el código de actualización de la anchura se ejecute de forma sincrónica después de cada renderización del componente, pero antes de que el navegador renderice en la pantalla, lo que garantiza que el valor de la `width` se actualice antes de la renderización.

El hook `useLayoutEffect` se utiliza en situaciones específicas en las que es necesario realizar tareas relacionadas con el DOM que deben ser síncronas y que requieren propiedades de diseño del DOM. En la mayoría de los casos puedes utilizar el hook `useEffect`, pero `useLayoutEffect` es útil cuando necesitas garantizar la ejecución síncrona antes de renderizar en pantalla.

### 3.3.10 useDebugValue

El hook `useDebugValue` se utiliza para mostrar valores personalizados en herramientas de desarrollo como DevTools de React. Esto facilita la depuración y la comprensión del estado interno de un hook personalizado u otros valores calculados en un componente funcional.

Sintaxis

```
useDebugValue(value, formatter);
```

`value`: el valor que desea mostrar en las herramientas de desarrollo.

`formatter` (opcional): función utilizada para dar formato al valor mostrado en las herramientas de desarrollo. Generalmente se utiliza para proporcionar etiquetas o nombres explícitos al valor.

Ejemplo de utilización

```
import React, { useState, useDebugValue } from 'react';

const useCustomHook = (initialValue) => {
  const [count, setCount] = useState(initialValue);

  // Mostrar el valor en las herramientas de desarrollo con una etiqueta
personalizada
  useDebugValue(count, (count) => `Contador personalizado: ${count}`);

  const increment = () => {
    setCount((prevCount) => prevCount + 1);
  };

  return { count, increment };
};

const CounterComponent = () => {
  const { count, increment } = useCustomHook(0);

  return (
    <div>
      <h2>Contador: {count}</h2>
      <button onClick={increment}>Incrementar</button>
    </div>
  );
};

export default CounterComponent;::
```

En este ejemplo, usamos `useDebugValue` para mostrar el valor de `count` del hook personalizado `useCustomHook en las DevTools` con una etiqueta personalizada. Cuando abras DevTools de React e inspecciones el hook, verás la etiqueta **Contador personalizado** seguida del valor de count actual.

El hook `useDebugValue` se utiliza principalmente cuando se desarrollan hooks personalizados o valores calculados para facilitar la depuración mostrando información útil en las herramientas de desarrollo. No tiene ningún impacto en la lógica del componente y sólo se utiliza con fines de depuración y comprensión.

## 3.4 Crear sus propios hooks

La creación de hooks personalizados es una potente forma de reutilizar la lógica de un componente funcional en varios lugares de tu aplicación. Los hooks personalizados permiten extraer comportamientos específicos fuera de los componentes, encapsularlos en funciones reutilizables y compartirlos entre distintos componentes.

Un hook personalizado es simplemente una función JavaScript que utiliza hooks React existentes, u otros hooks personalizados, dentro de ella.

Sintaxis

```
import { useState, useEffect } from 'react';

function useCustomHook(initialValue) {
  const [value, setValue] = useState(initialValue);

  useEffect(() => {
    // Lógica a ejecutar al montar, actualizar o desmontar el componente
    console.log('Componente actualizado');
  }, [value]);

  const increment = () => {
    setValue((prevValue) => prevValue + 1);
  };

  return { value, increment };
}
```

Ejemplo de utilización

```
import React from 'react';
import useCustomHook from './useCustomHook';

const ComponentA = () => {
  const { value, increment } = useCustomHook(0);

  return (
    <div>
      <h2>Valor: {value}</h2>
      <button onClick={increment}>Incrementar</button>
    </div>
  );
};
```

```
const ComponentB = () => {
  const { value, increment } = useCustomHook(100);

  return (
    <div>
      <h2>Valor: {value}</h2>
      <button onClick={increment}>Incrementar</button>
    </div>
  );
};::
```

En este ejemplo, hemos creado un hook personalizado `useCustomHook` que gestiona un valor de estado y proporciona una función de `increment` para actualizar este valor. Los dos componentes `ComponentA` y `ComponentB` utilizan este hook personalizado y comparten la misma lógica, pero tienen diferentes valores de estado.

Los hooks personalizados permiten mantener la lógica compleja fuera de los componentes, haciéndolos más sencillos y fáciles de entender. Es más, facilitan la reutilización del código y la gestión del estado en los componentes sin tener que recurrir a técnicas de compartición de lógica como el renderizado de propiedades o los Higher-Order Componentes.

## 3.5 Buenas prácticas para el uso de hooks

Para utilizar los hooks de forma correcta y eficaz, hay que seguir una serie de normas. A continuación, le ofrecemos algunos consejos.

- Los hooks deben utilizarse siempre en el nivel superior de un componente funcional, fuera de cualquier condición, bucle o función anidada. Nunca lo use dentro de bucles, funciones o bloques `if`. Esto asegura que los hooks se llamen en el mismo orden cada vez que se renderizan, lo que es crucial para que React funcione correctamente.
- Sólo pueden utilizarse en componentes funcionales u otros hooks personalizados. No lo utilice en funciones regulares de JavaScript, ya que eso provocaría una violación à las reglas de los hooks.

- Para crear un hook personalizado, recomendamos nombrarlo empezando por «use» seguido de un nombre descriptivo. Por ejemplo, `useCustomHook`, `useFetchData`, etc. Esto permite a los desarrolladores reconocerlo inmediatamente como un hook y aplicar las reglas correspondientes.
- Si parte de la lógica de un componente se vuelve compleja y reutilizable, es preferible de descomponerlo en un hooks personalizado en lugar de saturar el componente principal. De este modo, los componentes resultan más claros y se facilita su reutilización.
- Aunque los hooks son muy útiles, no abuse de ellos. Utilícelos sólo cuando sea necesario para gestionar estados y lógica compleja. Para una funcionalidad más sencilla, siempre puede utilizar estados y efectos locales sin tener que crear un hook personalizado.
- Cuando utilice hooks `useEffect`, asegúrese de limpiar los efectos cuando se desmonte el componente. Esto puede hacerse devolviendo una función linpieza desde el efecto. Esto asegura que los efectos no se produzcan después de que el componente haya sido desmontado.
- Cuando utilices hooks como `useEffect` o `useMemo`, asegúrese de que entiende cómo funcionan las dependencias. Definir las dependencias de forma incorrecta puede provocar bucles infinitos o efectos inesperados.
- Si crea hooks personalizados, asegúrase de probarlos correctamente. Los hooks personalizados pueden probarse de forma similar a las funciones estándar, comprobando que funcionan con diferentes entradas y condiciones.

Con estos consejos, podrá utilizar hooks de manera óptima y segura en sus aplicaciones React. Esto te permitirá beneficiarse de sus ventajas y, al mismo tiempo, evitar sus posibles inconvenientes.

### 3.5.1 Respete el orden de los hooks y no los llame condicionalmente

Una de las reglas importantes a la hora de utilizar hooks es respetar el orden de llamada y no llamarlos condicionalmente. Los hooks deben llamarse siempre en el mismo orden cada vez que se renderiza el componente, para garantizar que React funciona de forma correcta y predecible.

Cada hook tiene un orden de llamada específico, y React espera que los hooks sean llamados en ese orden cada vez que son renderizados. Si llamas a los hooks condicionalmente, esto puede resultar en que los hooks sean llamados en un orden diferente cada vez que son renderizados, causando comportamientos impredecibles y errores.

Los hooks están vinculados al estado interno del componente, y React realiza un seguimiento del orden en que se llaman los hooks para gestionar correctamente su estado entre renderizaciones. Si llamas a los hooks condicionalmente, React puede no saber cómo manejar el estado entre renderizaciones, lo que lleva a problemas de sincronización de estado.

Ejemplo de respeto del orden de los hooks

```
import React, { useState, useEffect } from 'react';

const MyComponent = () => {
  const [count, setCount] = useState(0);

  useEffect(() => {
    // Código de efecto que se ejecuta después de cada renderización
    document.title = `Contador: ${count}`;
  }, [count]);

  const handleIncrement = () => {
    setCount(count + 1);
  };

  return (
    <div>
      <h2>Contador: {count}</h2>
      <button onClick={handleIncrement}>Incrementar</button>
    </div>
  );
};
```

En este ejemplo, primero llamamos al hook `useState` para definir el estado `del count` y, a continuación, al hook `useEffect` para actualizar el título de la página cuando cambia `el count`. Al respetar el orden en el que se llaman los hooks, nos aseguramos de que React gestiona correctamente el estado y los efectos entre las renderizaciones.

### 3.5.2 Divida las responsabilidades de los hooks para evitar complejidades

Al crear hooks personalizados, lo mejor es dividirlos asignándoles responsabilidades específicas e independientes. Al dividir los hooks en unidades funcionales más pequeñas, puedes combinarlos para obtener una funcionalidad más compleja y mantenible.

Ejemplo de reparto de responsabilidades de hooks

Supongamos que tenemos un hook personalizado para gestionar el estado de una lista de elementos y otro hook para realizar una acción de carga asíncrona.

```
// Hook personalizado para gestionar el estado de la lista de elementos
function useListState(initialValue) {
  const [list, setList] = useState(initialValue);

  const addItem = (item) => {
    setList((prevList) => [...prevList, item]);
  };

  return { list, addItem };
}

// hook personalizado para gestionar la carga asíncrona
function useAsyncLoading(asyncFunction) {
  const [isLoading, setIsLoading] = useState(false);

  const executeAsync = async () => {
    setIsLoading(true);
    await asyncFunction();
    setIsLoading(false);
  };

  return { isLoading, executeAsync };
}
```

Al dividir las responsabilidades de los hooks, ahora podemos utilizarlos en diferentes componentes de forma independiente:

```
import React from 'react';
import { useListState, useAsyncLoading } from './customHooks';

const MyComponent = () => {
  const { list, addItem } = useListState([]);
  const { isLoading, executeAsync } = useAsyncLoading(asyncFunction);

  return (
    <div>
      {isLoading ? (
        <p>Carga en curso...</p>
      ): (
        <>
          <ul>
            {list.map((item) => (
              <li key={item}>{item}</li>
            ))}
          </ul>
          <button onClick={() => addItem('Nuevo elemento')}>
Añadir</button>
          <button onClick={executeAsync}>Cargar datos asíncronos</button>
        </>
      )}
    </div>
  );
};:
```

En este ejemplo, hemos dividido las responsabilidades de los hooks `useListState` y `useAsyncLoading` en unidades funcionales independientes. Esto nos permite reutilizar estos hooks en diferentes componentes sin añadir complejidad innecesaria al código.

### 3.6 Limitaciones de los hooks

Los hooks pueden ser difíciles de entender para los desarrolladores que sólo están familiarizados con los componentes de clase. Esto puede requerir un tiempo de aprendizaje adicional.

Los hooks sólo son compatibles con versiones de React superiores a la 16.8. Si utiliza una versión anterior, tendrá que actualizar su proyecto.

En algunos casos, el uso intensivo de hooks puede provocar problemas de rendimiento, sobre todo si las dependencias no se gestionan correctamente en los hooks `useEffect`. Del mismo modo, si sus componentes llaman a `useEffect` muchas veces, probablemente sea una señal de que necesitas extraer algo de lógica en un hook personalizado (*custom hook*).

## 4. El estilo

### 4.1 Introducción al estilo en React

Cuando creamos interfaces de usuario en React, podemos aplicar estilos utilizando diferentes enfoques, incluyendo estilos en línea, clases CSS, módulos CSS y el uso de bibliotecas de estilos.

#### 4.1.1 Utilización de estilos en línea (Inline Styles)

Los estilos en línea, a menudo denominados estilos de atributo, representan uno de los métodos más sencillos de aplicar estilos directamente a los elementos HTML en React. A diferencia de los enfoques tradicionales basados en clases CSS, el estilo se especifica directamente dentro de la etiqueta del componente, en forma de atributos mediante objetos.

Las propiedades CSS se definen como claves y los valores correspondientes como valores. Estos objetos luego se asignan al atributo `style` al elemento del componente.

Ejemplo de uso de estilos en línea

```
import React from 'react';

const MyComponent = () => {
  const divStyle = {
    backgroundColor: 'blue',
    color: 'white',
    padding: '10px',
    borderRadius: '5px'
  };

  return (
    <div style={divStyle}>
      Este componente tiene estilos en línea aplicados.
    </div>
  );
};

export default MyComponent;
```

En el ejemplo dado, hemos creado un objeto llamado `divStyle` que contiene las propiedades CSS necesarias para definir el estilo del componente. Este objeto se transmite como valor al atributo `style` de la etiqueta `<div>`, lo que permite aplicar estilos en línea.

Aunque el uso de estilos en línea puede resultar práctico para estilos sencillos y específicos de un componente, cabe mencionar que este método puede resultar menos fácil de mantener cuando los estilos se vuelven más complejos o deben reutilizarse en varios componentes. En tales situaciones, es aconsejable considerar otros enfoques como el uso de clases CSS o módulos CSS para una mejor organización y mantenimiento.

### 4.1.2 Utilización de clases CSS

Otro enfoque común para aplicar estilos a los componentes en React es utilizar clases CSS. Estas separan la presentación (styles) del contenido (structure) de los componentes.

Para usar clases CSS en un componente React, simplemente asignamos nombres de clase al atributo `className` del elemento componente. Estas clases pueden definirse en un archivo CSS externo o en una etiqueta `<style>` al interior del documento.

**Observación**

*En JSX, utilizamos `className` para evitar los conflictos con la palabra reservada `class` de JavaScript, que se utiliza para definir clases.*

Ejemplo de uso de clases CSS

```
import React from 'react';
import './MyComponent.css'; // Archivo CSS externo

const MyComponent = () => {
  return (
    <div className="my-component">
      Este componente utiliza clases CSS.
    </div>
  );
};

export default MyComponent;
```

En este ejemplo, hemos creado un archivo externo MyComponent.css que contiene las reglas de estilo para la clase `my-component`. A continuación, esta clase luego se asigna al atributo `className` de la etiqueta `<div>` para aplicar los estilos definidos en el archivo CSS.

### 4.1.3 Utilización de módulos CSS

Los módulos CSS representan un enfoque mejorado para la gestión de estilos dentro de las aplicaciones React. Permiten una encapsulación eficaz de los estilos específicos de cada componente en módulos CSS distintos. Este método evita conflictos de nombres de clase entre distintos componentes.

El funcionamiento de los módulos CSS se basa en el establecimiento de una conexión entre el archivo CSS y el componente JavaScript correspondiente. De este modo, los nombres de clase definidos en el archivo CSS se generan de forma única y se aplican exclusivamente al componente asociado. Esto ayuda a garantizar que los estilos no se propaguen involuntariamente a otras partes de la aplicación.

Ejemplo de uso de módulos CSS

```
import React from 'react';
import styles from './MyComponent.module.css'; // Archivo CSS
como módulo

const MyComponent = () => {
  return (
    <div className={styles.myComponent}>
      Este componente utiliza módulos CSS.
    </div>
  );
};

export default MyComponent;
```

```
.myComponent {
  background-color: pink;
  color: white;
  padding: 10px;
  border-radius: 5px;
}
```

En este escenario, hemos diseñado un archivo `MyComponent.module.css` que contiene las directivas de estilo para la clase `.myComponent`. Cuando integramos el archivo CSS en el componente, utilizamos el objeto `styles` para acceder a la clase `myComponent`. Esta clase se asigna entonces al atributo `className` de la etiqueta `<div>`, que tiene el efecto de aplicar los estilos especificados en el archivo CSS.

Los módulos CSS son ampliamente adoptados en los proyectos React debido a sus ventajas en términos de organización y de modularidad de estilos.

### 4.1.4 Uso de bibliotecas de estilo (por ejemplo, Bootstrap, Material-UI)

Las bibliotecas de estilos, tales como Bootstrap y Material-UI, son conjuntos predefinidos de componentes y estilos diseñados para facilitar el desarrollo de interfaces de usuario. Estas bibliotecas proporcionan un conjunto de componentes reutilizables, como botones, formularios, modales, etc., que pueden integrarse fácilmente en aplicaciones React.

Utilizar bibliotecas de estilos tiene muchas ventajas para los desarrolladores. Ofrecen componentes prediseñados y estilizados que ahorran tiempo a los desarrolladores al evitar la necesidad de recrear estilos desde cero.

El primer paso es instalar los paquetes necesarios:

```
npm install @mui/material @emotion/react @emotion/styled
```

Ejemplo de uso de la biblioteca de estilos Material-UI

```
import React from 'react';
import Button from '@mui/material/Button';
```

```
const MyComponent = () => {
  return (
    <div>
      <Button variant="contained">
        Click here

      </Button>
    </div>
  );
};

export default MyComponent;
```

En este ejemplo, hemos utilizado el componente `Button` de la biblioteca Material-UI para crear un elegante botón. Material-UI proporciona componentes listos para usar con estilos coherentes basados en Google Material Design.

Ahora puede explorar los demás componentes y ver cómo puede personalizar los estilos para satisfacer las necesidades específicas de su aplicación. La documentación de Material-UI puede encontrarse aquí:
https://mui.com/material-ui/getting-started/

## 4.2 Tailwind

Tailwind CSS es una biblioteca CSS de código abierto tan popular como criticada. Se centra en proporcionar una serie de clases CSS (*utility classes*) aplicadas directamente a elementos HTML para definir el estilo de forma rápida y eficaz.

Las utility classes permiten definir rápidamente propiedades como el color del texto, el tamaño de los márgenes, la posición, los tipos de letra, etc.

La principal crítica que se hace a Tailwind es el aumento del peso del JSX, como en este ejemplo con un simple botón:

```
<button class="bg-purple-500 text-white active:bg-purple-600
font-bold uppercase text-sm px-6 py-3 rounded shadow
hover:shadow-lg outline-none focus:outline-none mr-1 mb-1
ease-linear transition-all duration-150"
    type="button"
>
      left purple
    </button>
```

Se necesitan unas quince clases CSS para lograr el resultado deseado.

Aunque Tailwind CSS proporciona un conjunto de clases de utilidad por defecto, también es posible personalizar estas clases para adaptarlas a las necesidades del proyecto. Puedes personalizar colores, fuentes, espaciado, etc., modificando el archivo de configuración. Si, por ejemplo, tienes un esquema de colores que quieres que siga tu tema, puedes configurar Tailwind para que lo utilice.

En lugar de escribir reglas CSS personalizadas y tener que encontrar los nombres de las clases cada vez, compones tus estilos utilizando las clases de Tailwind. También hay clases responsive integradas que te permiten ajustar el estilo para adaptarlo a distintos tamaños de pantalla.

Podemos ampliar las funcionalidades de Tailwind mediante plug-ins, ya sea para añadir nuevas clases de utilitarias o para integrar características de terceros.

Tailwind CSS ofrece un enfoque diferente para la creación de interfaces de usuario, proporcionando un conjunto de herramientas que facilitan el formateo de elementos HTML de forma rápida y consistente. Aunque esto suele ser una cuestión de preferencias, muchos equipos de desarrollo están muy satisfechos con ello. Es importante probarlo para formarse una opinión al respecto.

## 4.3 La gestión de clases condicionales

En React, la gestión de clases condicionales se refiere a la práctica de condicionar la aplicación de clases CSS a un elemento según una lógica específica. Esto permite cambiar dinámicamente la apariencia de los componentes en respuesta a eventos o estados de la aplicación.

Existen varios métodos para gestionar las clases condicionales en React, dependiendo de la complejidad de la lógica y de la forma en que prefieras organizar tu código.

Puede utilizar una expresión ternaria para determinar qué clase debe aplicarse en función de una condición. Por ejemplo:

```
import React, { useState } from 'react';
import './MyComponent.css'; // Archivo CSS para clases

const MyComponent = () => {
  const [isClicked, setIsClicked] = useState(false);

  const handleClick = () => {
    setIsClicked(!isClicked);
  };

  return (
    <div
      className={isClicked ? 'activo': 'inactivo'}
      onClick={handleClick}
    >
      Haz clic aquí para cambiar de estado
    </div>
  );
};

export default MyComponent;:
```

En este ejemplo, utilizamos una expresión ternaria para determinar si la clase `activo` o `inactivo` debe aplicarse al div en función del estado `isClicked`. Cuando el usuario hace clic en el div, el estado se invierte, lo que cambia la clase y, por tanto, la apariencia del componente.

También puede utilizar el operador lógico `&&` para aplicar una clase condicional basada en una condición. Por ejemplo:

```
import React, { useState } from 'react';
import './MyComponent.css'; // Archivo CSS para clases

const MyComponent = () => {
  const [isHovered, setIsHovered] = useState(false);

  const handleMouseEnter = () => {
    setIsHovered(true);
  };

  const handleMouseLeave = () => {
    setIsHovered(false);
  };

  return (
    <div
      className={isHovered && 'hovered'}
      onMouseEnter={handleMouseEnter}
      onMouseLeave={handleMouseLeave}
    >
      Mueve el ratón aquí para ver el efecto
    </div>
  );
};

export default MyComponent;
```

En este ejemplo, utilizamos el operador lógico `&&` para aplicar la clase `hovered` cuando el estado `isHovered` es verdadero. Cuando el usuario pasa el cursor sobre el div, el estado cambia, lo que resulta en la adición o eliminación de la clase y, por tanto, un cambio en la apariencia del componente.

La gestión de clases condicionales le permite ajustar la apariencia de sus componentes en función de la lógica de su aplicación.

## Utilización de bibliotecas de ayuda para clases condicionales

En React, existen varias bibliotecas que facilitan la gestión de clases condicionales. Estos permiten aplicar clases condicionales de forma más flexible y eficiente.

Estas son algunas librerías de ayuda populares para las clases condicionales en React.

### classnames

La biblioteca classnames es una opción popular para gestionar clases condicionales en React. Permite condicionar la aplicación de clases combinando diferentes clases en función de una lógica específica.

#### Ejemplo de utilización de la biblioteca classnames

```
import React, { useState } from 'react';
import classnames from 'classnames';
import './MyComponent.css'; // Archivo CSS para clases

const MyComponent = () => {
  const [isActive, setIsActive] = useState(false);

  const handleClick = () => {
    setIsActive(!isActive);
  };

  const buttonClasses = classnames('button', {
    'activo': isActive,
    'inactivo': !isActive
  });

  return (
    <button
      className={buttonClasses}
      onClick={handleClick}
    >
      {isActive ? 'Activo': 'Inactivo'}
    </button>
  );
};

export default MyComponent;:
```

En este ejemplo, utilizamos la biblioteca classnames para condicionar la aplicación de las clases `activo` e `inactivo` al botón en función del estado `isActive`. La función `classnames` permite combinar las clases de manera práctica mediante un objeto JavaScript en el que las claves son los nombres de las clases y los valores son condiciones que determinan si la clase debe aplicarse o no.

### classnames/bind

classnames/bind es una variante de la biblioteca classnames que permite crear una función de enlace para clases condicionales. Esto hace que el código sea más conciso al evitar repetir el nombre de la clase para cada condición.

Ejemplo de uso de la biblioteca classnames/bind

```
import React, { useState } from 'react';
import classNames from 'classnames/bind';
import './MyComponent.css'; // Archivo CSS para clases

const cx = classNames.bind('./MyComponent.css');

const MyComponent = () => {
  const [isHovered, setIsHovered] = useState(false);

  const handleMouseEnter = () => {
    setIsHovered(true);
  };

  const handleMouseLeave = () => {
    setIsHovered(false);
  };

  const divClasses = cx({
    'div': true,
    'hovered': isHovered
  });

  return (
    <div
      className={divClasses}
      onMouseEnter={handleMouseEnter}
      onMouseLeave={handleMouseLeave}
    >
```

```
        Mueve el ratón aquí para ver el efecto de survol
      </div>
    );
};

export default MyComponent;
```

En este ejemplo, utilizamos la biblioteca classnames/bind para crear una función de enlace (cx) para las clases. Esto nos permite referenciar directamente los nombres de clase definidos en el archivo CSS. Al utilizar este enfoque, también puede evitar conflictos de nombres de clase.

## 4.4 Animaciones y transiciones

### Uso de bibliotecas de animación (p. ej., react-transition-group)

Una de las bibliotecas de animación más populares es react-transition-group, que permite crear animaciones de forma declarativa utilizando componentes específicos de React.

#### 1. Instalación de react-transition-group

Para empezar, debes instalar la biblioteca react-transition-group en tu:

```
npm install react-transition-group
```

o

```
yarn add react-transition-group
```

#### 2. Utilización de la biblioteca en su componente

Una vez instalado, puede utilizar los componentes proporcionados por react-transition-group para gestionar animaciones. Los dos componentes principales son `Transition` y `CSSTransition`. `Transition` es un componente básico que le permite controlar manualmente los estados de entrada y salida, mientras que `CSSTransition` utiliza clases CSS para gestionar automáticamente las animaciones de entrada y salida.

He aquí cómo utilizar `CSSTransition` para crear una animación de *fundido (fade-in)* cuando se monta un elemento:

```
import React, { useState } from 'react';
import { CSSTransition } from 'react-transition-group';
import './MyComponent.css'; // Archivo CSS para estilos

const MyComponent = () => {
  const [isMounted, setIsMounted] = useState(false);

  const handleMount = () => {
    setIsMounted(true);
  };

  return (
    <div>
      <button onClick={handleMount}> Montar componente</button>
      <CSSTransition in={isMounted} timeout={500} classNames="fade">
        <div className="fade-in">
          Fade-in
contenido animado
        </div>
      </CSSTransition>
    </div>
  );
};

export default MyComponent;
```

En este ejemplo, usamos `CSSTransition` para envolver el elemento que queremos animar. La propiedad `in` controla si el elemento está montado o desmontado, `timeout` define la duración de la animación en milisegundos y `classNames` especifica la clase CSS utilizada para la animación (en nuestro caso, `fade`).

### 3. Definición de clases CSS para la animación

En el archivo CSS (MyComponent.css)

```
.fade-enter {
  opacity: 0;
}

.fade-enter-active {
  opacity: 1;
  transition: opacity 500ms ease-in;
```

```
}

.fade-exit {
  opacity: 1;
}

.fade-exit-active {
  opacity: 0;
  transition: opacity 500ms ease-out;
```

Definimos clases CSS para la animación utilizando los sufijos `-enter`, `-enter-active`, `-exit` y `-exit-active`. Las clases `fade-enter` y `fade-exit definen` el estado inicial del elemento antes y después de la animación, mientras que las clases `fade-enter-active` y `fade-exit-active` definen los estilos del elemento durante la animación. En nuestro ejemplo, utilizamos una transición de opacidad para crear el fundido.

# 5. Enrutamiento

## 5.1 Introducción al enrutamiento en React

### 5.1.1 Comprender el concepto de enrutamiento en una aplicación web

El enrutamiento es un concepto fundamental en el desarrollo de aplicaciones web. Permite navegar entre diferentes páginas o vistas de una aplicación, sin tener que recargar toda la página. En el contexto de React, el enrutamiento permite crear una aplicación de múltiples páginas, en la que cada página está representada por un componente React independiente.

#### ¿Cómo funciona el encaminamiento?

El enrutamiento utiliza una URL para identificar cada página de la aplicación. Cuando un usuario hace clic en un enlace o introduce una URL en la barra de direcciones del navegador, el enrutamiento permite cargar el componente React asociado a esa URL sin recargar toda la página. El contenido de la página se actualiza dinámicamente con el nuevo componente.

### 5.1.2 React Router

React Router es una biblioteca popular para la gestión de enrutamiento en aplicaciones React. Proporciona una interfaz sencilla y declarativa para configurar rutas.

La instalación es la siguiente:

```
npm install react-router-dom
```

Ejemplo de configuración de rutas con React Router

```
import { BrowserRouter, Routes, Route } from "react-router-dom";
import Home from './components/Home';
import About from './components/About';
import Contact from './components/Contact';

const App = () => {
  return (
    <BrowserRouter>
      <Routes>
        <Route path="/about" element={<About />} />
        <Route path="/contact" element={<Contact />} />
        <Route path="/" element={<Home />} />
      </Routes>
    </BrowserRouter>
  );
};

const container = document.getElementById("root");
const root = createRoot(container);
root.render(<App />);
```

En este ejemplo, utilizamos `BrowserRouter` para encapsular nuestras rutas. La prop `path` especifica qué camino gestiona la ruta, y el `element prop` especifica qué componente debe mostrarse.

Para navegar de una página a otra, React Router ofrece un componente `Link` que acepta un prop llamado to:

```
<enlace to="/acerca de">Vaya a la página "Acerca de"</enlace>.
```

BrowserRouter se utiliza para definir un contexto de enrutamiento para toda la aplicación. Utiliza el historial del navegador para gestionar los cambios de URL y las actualizaciones de la interfaz de usuario basadas en la URL actual.

Route se utiliza para definir una correspondencia entre una ruta y un componente React específico. Cuando la URL coincida con la ruta especificada, el componente se mostrará en la ubicación de la etiqueta Route.

Por último, Link permite crear vínculos para poder navegar por la aplicación sin recargar toda la página.

## 5.2 Utilización de parámetros URL (URL Parameters)

### Definición de parámetros URL

Los parámetros de URL en React Router se pueden utilizar para crear rutas dinámicas mediante la inclusión de partes variables en las URL. Estas partes variables se pueden utilizar para mostrar contenido específico en función de los parámetros suministrados en la URL. Para definir parámetros de URL en React Router, puede utilizar la sintaxis :parametroNombre.

A continuación, se explica cómo definir parámetros de URL en una ruta:

```
// App.js
import React from 'react';
import { BrowserRouter, Routes, Route } from "react-router-dom";
import Home from './components/Home';
import About from './components/About';
import ProductDetails from './components/ProductDetails';

const App = () => {
  return (
    <BrowserRouter>
      <Routes>
        <Route path="/about" element={<About />} />
        <Route path="/details/:id" element={<ProductDetails />}/>
        <Route path="/" element={<Home />} />
      </Routes>
    </BrowserRouter>
  );
};
```

```
export default App;
```

Para acceder a los parámetros de URL en el componente `ProductDetails`, puede utilizar el hook `useParams` proporcionado por React Router. Este es un ejemplo del uso de parámetros de URL en `ProductDetails`:

```
// ProductDetails.js
import React from 'react';
import { useParams } from "react-router-dom";

const ProductDetails = ({ match }) => {
  const { id } = useParams();
  return (
    <div>
      <h1>Detalles del producto { id }</h1>
      {/* Mostrar detalles del producto basados en el ID */}
    </div>
  );
};

export default ProductDetails;
```

Ya puedes crear rutas y navegar con o sin parámetros gracias a los distintos componentes que ofrece React Router, que cubre la mayoría de casos de uso de esta biblioteca.

## 6. Formularios

### 6.1 Utilización de formularios controlados

El uso de formularios controlados es un enfoque común para la gestión de datos de formularios. Con los formularios controlados, los valores de los campos de formulario son gestionados por el estado de React en lugar del DOM, lo que te da un control total sobre los datos del formulario.

### 6.1.1 Gestión del estado del formulario con useState

He aquí un ejemplo de cómo crear un formulario simple con `useState` para gestionar el estado del formulario:

```
import React, { useState } from 'react';

function FormularioControl() {
  const [campo, setCampo] = useState('');

  const handleSubmit = (e) => {
    e.preventDefault();
    console.log('Campo:', campo);
  };

  return (
    <form onSubmit={handleSubmit}>
      <div>
        <label>
          Campo:
          <input
            type="text"
            value={champ}
            onChange={(e) => setCampo(e.target.value)}
          />
        </label>
      </div>
      <button type="submit">Enviar</button>
    </form>
  );
}

export default FormularioControl;:
```

En este ejemplo, tenemos un único campo de entrada controlado. El valor del campo de entrada se almacena en el estado `del campo`, y cada vez que el campo de entrada cambia, se llama a la función `setCampo` para actualizar el valor del estado con el nuevo valor del campo de entrada. Cuando se envía el formulario, el valor actual del estado del `campo` se muestra en la consola.

Al utilizar formularios controlados con `useState`, puede gestionar fácilmente el estado del formulario e interactuar con los datos introducidos por los usuarios.

### 6.1.2 Validación de campos del formulario

Validar los campos de los formularios es un paso importante para garantizar que los datos introducidos por los usuarios son correctos y cumplen los requisitos de la aplicación.

He aquí un ejemplo sencillo de validación de un campo de formulario en React:

```
import React, { useState } from 'react';

const SimpleForm = () => {
  const [email, setEmail] = useState('');
  const [isEmailValid, setIsEmailValid] = useState(true);

  const handleChange = (e) => {
    const { value } = e.target;
    setEmail(value);
    setIsEmailValid(validateEmail(value)); // Función de
validación de la dirección de correo electrónico
  };

  const handleSubmit = (e) => {
    e.preventDefault();
    if (isEmailValid) {
      // Realiza acciones específicas durante el envío
      console.log('Dirección de correo electrónico válida:', email);
    } else {
      console.log(' Dirección de correo electrónico no válida.');
    }
  };

  const validateEmail = (email) => {
    // Implementa aquí la lógica de validación de la dirección de correo
    // electrónico
    // Devuelve true si la dirección de correo electrónico es válida,
    // en caso contrario devuelve false
    return /^[^\s@]+@[^\s@]+\.[^\s@]+$/.test(email);
  };

  return (
    <form onSubmit={handleSubmit}>
      <label>
        E-mail:
        <input
          type="email"
          value={email}
```

```
            onChange={handleChange}
            style={{ borderColor: isEmailValid ? 'green': 'red' }}
          />
        </label>
        {!isEmailValid && <p style={{ color: 'red' }}> Dirección de correo
electrónico no válida.</p>}
        <button type="submit" disabled={!isEmailValid}>
          Envoyer
        </button>
      </form>
  );
};

export default SimpleForm;::
```

Utilizando técnicas de vinculacion de valores de entrada con el estado del formulario y validación de campos, podrá crear formularios sólidos e interactivos en sus aplicaciones.

### 6.1.3 Envío del formulario

El envío del formulario es la etapa final en la que los datos introducidos por el usuario se envían para su procesamiento. Podemos gestionar el envío del formulario utilizando el controlador de eventos onSubmit en la etiqueta <form>.

He aquí un ejemplo de cómo gestionar el envío de un formulario en React:

```
import React, { useState } from 'react';

const SimpleForm = () => {
  const [formData, setFormData] = useState({
    firstName: '',
    lastName: '',
    email: '',
  });

  const handleChange = (e) => {
    const { name, value } = e.target;
    setFormData((prevFormData) => ({ ...prevFormData, [name]: value }));
  };

  const handleSubmit = (e) => {
    e.preventDefault();
    // Realizar acciones específicas durante el envío
    console.log('Datos del formulario:', formData);
```

```
    // Enviar datos a un servidor, realizar operaciones, etc.
  };

  return (
    <form onSubmit={handleSubmit}>
      <label>
        Nombre:
        <input
          type="text"
          name="firstName"
          value={formData.firstName}
          onChange={handleChange}
        />
      </label>
      <label>
        Apellido:
        <input
          type="text"
          name="lastName"
          value={formData.lastName}
          onChange={handleChange}
        />
      </label>
      <label>
        E-mail:
        <input
          type="email"
          name="email"
          value={formData.email}
          onChange={handleChange}
        />
      </label>
      <button type="submit">Envoyer</button>
    </form>
  );
};

export default SimpleForm;:
```

## 6.2 Uso de formularios no controlados

Además de los formularios controlados, React también ofrece la opción de utilizar formularios no controlados. Los formularios no controlados son un enfoque alternativo a la gestión de datos de formulario en React, donde los valores de los campos de formulario son gestionados por el DOM en lugar de por el estado de React.

### 6.2.1 Definición de formas no controladas

En un formulario no controlado, los valores de los campos del formulario se recuperan directamente del DOM cuando se envía el formulario, en lugar de almacenarse en el estado de React en tiempo real. Esto significa que no es necesario actualizar el estado del formulario cada vez que los usuarios introducen datos, ya que el DOM gestiona los valores de los campos.

He aquí un ejemplo sencillo de creación de un formulario no controlado en React:

```
import React from 'react';

const UncontrolledForm = () => {
  const handleSubmit = (e) => {
    e.preventDefault();
    // Extraer los valores de los campos del formulario directamente del DOM
    const firstName = e.target.elements.firstName.value;
    const lastName = e.target.elements.lastName.value;
    const email = e.target.elements.email.value;
    // Realizar acciones específicas al enviar
    console.log('Nombre:', firstName);
    console.log('Apellido:', lastName);
    console.log('E-mail:', email);
    // Enviar datos a un servidor, realizar operaciones, etc.
  };

  return (
    <form onSubmit={handleSubmit}>
      <label>
        Nombre:
        <input type="text" name="firstName" />
      </label>
      <label>
        Apellido:
        <input type="text" name="lastName" />
      </label>
```

```
        <label>
          E-mail:
          <input type="email" name="email" />
        </label>
        <button type="submit">Enviar</button>
      </form>
    );
};

export default UncontrolledForm;
```

En este ejemplo, hemos creado un formulario no controlado con tres campos: **Nombre**, **Apellidos** y **Email**. Cuando el formulario es enviado, el manejador `handleSubmit` es llamado, y extraemos los valores de los campos directamente del DOM usando `e.target.elements`. A continuación, podemos realizar acciones específicas basadas en los datos enviados.

Los formularios no controlados pueden ser útiles en algunos casos en los que no se requiere la gestión de estados o en los que se desea extraer datos directamente del DOM. En la mayoría de los casos, los formularios controlados proporcionan un mejor manejo de los datos y se utilizan con más frecuencia en las aplicaciones React.

### 6.2.2 Gestión de datos de formularios con referencias (refs)

En los formularios no controlados, usted puede utilizar referencias (refs) para acceder a los elementos del formulario y recuperar los valores introducidos por los usuarios. Las referencias son una forma de manipular los elementos del DOM directamente en React.

He aquí un ejemplo de cómo utilizar referencias para gestionar los datos de un formulario no controlado:

```
import React, { createRef } from 'react';

const UncontrolledFormWithRefs = () => {
  const firstNameRef = createRef();
  const lastNameRef = createRef();
  const emailRef = createRef();

  const handleSubmit = (e) => {
    e.preventDefault();
    // Accede a los valores introducidos mediante referencias
    const firstName = firstNameRef.current.value;
```

```
    const lastName = lastNameRef.current.value;
    const email = emailRef.current.value;
    // Realizar acciones específicas al enviar
    console.log('Nombre:', firstName);
    console.log('Apellido:', lastName);
    console.log('Email:', email);
    // Enviar datos a un servidor, realizar operaciones, etc.
  };

  return (
    <form onSubmit={handleSubmit}>
      <label>
        Nombre:
        <input type="text" ref={firstNameRef} />
      </label>
      <label>
        Apellido:
        <input type="text" ref={lastNameRef} />
      </label>
      <label>
        E-mail:
        <input type="email" ref={emailRef} />
      </label>
      <button type="submit">Enviar</button>
    </form>
  );
};

export default UncontrolledFormWithRefs;:
```

En este ejemplo, hemos utilizado las referencias `firstNameRef`, `lastNameRef` y `emailRef` para acceder a los valores de los campos de entrada cuando se envía el formulario. Las referencias se utilizan para apuntar directamente a los elementos del formulario, lo que permite acceder a los valores introducidos sin tener que actualizar el estado del formulario.

### 6.2.3 Acceso a los valores de los formularios enviados

Cuando se utiliza un formulario que no está controlado por referencias, puede acceder a los valores del formulario directamente dentro del manejador `handleSubmit`, como se muestra en el ejemplo anterior.

Los valores de los campos pueden recuperarse utilizando `ref.current.value`, donde `ref` es la referencia asociada al elemento del formulario. A continuación, puede realizar acciones específicas basadas en los valores recuperados, como enviar los datos a un servidor, procesar los datos localmente, etc.

La gestión de datos en un formulario no controlado con referencias es más sencilla y puede ser útil en determinados escenarios específicos. Los formularios controlados siguen siendo el método preferido para la mayoría de los casos de uso por su mayor control sobre los datos y su interactividad.

## 6.3 Utilización de componentes de formulario

Cuando se trabaja con formularios complejos, la gestión de estados y validaciones puede resultar tediosa. Para simplificar este proceso, puede utilizar bibliotecas de componentes de formularios, como Formik.

### 6.3.1 Presentación de Formik

Formik proporciona un conjunto de componentes y utilidades que simplifican la gestión de informes, la validación y la interacción con los formularios.

Formik puede utilizarse para gestionar el estado del formulario, incluyendo la recuperación de los valores de los campos, su actualización y la gestión del envío del formulario. La validación de los campos del formulario se simplifica proporcionando una funcionalidad integrada para validar los valores introducidos por los usuarios.

Formik gestiona los formularios utilizando el enfoque controlado que vimos anteriormente, donde mantiene su propio estado interno para los valores de los campos del formulario, los errores, las entradas que han sido modificadas y las que no todavía (*dirty input*), y más.

### 6.3.2 Instalación y configuración de Formik

Para utilizar Formik en tu proyecto React, necesitas instalarlo y configurarlo correctamente.

Puedes instalar Formik usando npm. Abra una ventana de terminal y ejecute el siguiente comando:

```
npm install formik
```

Configuración de Formik

Una vez instalados, sólo tiene que importar los componentes Formik en su aplicación y utilizarlos para gestionar los formularios.

### 6.3.3 Creación de un formulario con Formik

He aquí un ejemplo de cómo crear un formulario sencillo utilizando los componentes de Formik en nuestra aplicación para gestionar el estado, la validación y el envío del formulario:

```
import React from 'react';
import { Formik, Form, Field, ErrorMessage } from 'formik';

const Basic = () => (
    <Formik
      initialValues={{ email: '', contraseña: '' }}
      validate={values => {
        const errors = {};
        if (!values.email) {
          errors.email = 'Required';
        } else if (
          !/^[A-Z0-9._%+-]+@[A-Z0-9.-]+\.[A-Z]{2,}$/
i.test(values.email)
        ) {
          errors.email = 'Invalid e-mail address';
        }
        return errors;
      }}
      onSubmit={(values, { setSubmitting }) => {
        console.log(JSON.stringify(values, null, 2))
        setSubmitting(false);
      }}
    >
      {({ isSubmitting }) => (
        <Form>
```

```
        <Field type="email" name="email" />
        <ErrorMessage name="email" component="div" />
        <Field type="password" name="password" />
        <ErrorMessage name="password" component="div" />
        <button type="submit" disabled={isSubmitting}>
          Submit
        </button>
      </Form>
    )}
  </Formik>
);
```

En este ejemplo, hemos utilizado los componentes `Formik` y `Form` para crear un formulario simple utilizando Formik. El formulario gestiona el estado, la validación y el envío utilizando los componentes proporcionados.

El prop `initialValues` es un objeto que establece los valores iniciales de nuestros campos de formulario (correo electrónico y contraseña) en cadenas vacías.

La función `validate` se llama para validar los valores del formulario. Aquí se comprueba que el correo electrónico se suministra y que respeta un formato específico, de lo contrario devuelve un objeto de error.

Finalmente, `onSubmit` es una función que es llamada cuando el formulario es enviado. El recibe los valores del formulario y un objeto que contiene el método `setSubmitting` para comprobar el estado de envío del formulario.

### 6.3.4 Validación de campos con Formik

Se pueden definir reglas de validación para cada campo y mostrar mensajes de error apropiados si los valores introducidos no cumplen las reglas especificadas.

He aquí un ejemplo de uso de la validación de campos con Formik. Esta es también una oportunidad para utilizar el hook `useFormik`:

```
import React from 'react';
import { useFormik } from 'formik';

const validate = values => {
  const errors = {};
  if (!values.email) {
    errors.email = 'Required';
```

```
  } else if (!/^[A-Z0-9._%+-]+@[A-Z0-9.-]+\.[A-Z]{2,4}$/
i.test(values.email)) {
    errors.email = 'Invalid e-mail address';
  }

  return errors;
};

const SignupForm = () => {
  const formik = useFormik({
    initialValues: {
      email: '',
    },
    validate,
    onSubmit: values => {
      console.log(JSON.stringify(values, null, 2));
    },
  });
  return (
    <form onSubmit={formik.handleSubmit}>
      <label htmlFor="email">E-mail Address</label>
      <input
        id="email"
        name="email"
        type="email"
        onChange={formik.handleChange}
        value={formik.values.email}
      />
      {formik.errors.email ? <div>{formik.errors.email}</div>: null}

      <button type="submit">Submit</button>
    </form>
  );
};:
```

Para simplificar el ejemplo, hemos mantenido sólo el input para introducir un e-mail. Usamos el hook `useFormik`, pasándole datos similares a los props que pasamos al componente `<Formik />` en el ejemplo anterior.

Luego devolvemos un elemento `<form>` clásico con un manejador de eventos `onSubmit` que llama a `formik.handleSubmit` para manejar el envío del formulario.

El evento `onChange` en la entrada de `e_mail permite` rastrear las modificaciones en el valor del campo y el prop `value` va controlar su valor.

Mostramos un mensaje de error si `formik.errors.email` es verdadero, lo cual indica que hay un error de validación presente.

## 6.4 Campos de formulario avanzados

### 6.4.1 Seleccionar campo

Los campos de selección, también conocidos como menús desplegables, permiten a los usuarios elegir entre una lista de opciones predefinidas. Puede utilizar el componente `select` en HTML para crear un campo de selección en un formulario.

Podemos gestionar fácilmente un campo de selección utilizando el componente `Field`. Para ello, es necesario utilizar el tipo `select` en el prop as de `Field`, e incluir las opciones en el cuerpo del componente `Field`.

He aquí un ejemplo de utilización de un campo de selección con Formik:

```
import React from 'react';
import { Formik, Form, Field, ErrorMessage } from 'formik';

const SelectField = () => {
  const initialValues = {
    gender: '',
  };

  const onSubmit = (values) => {
    // Realizar acciones específicas durante el envío
    console.log('Genre:', values.gender);
    // Enviar datos a un servidor, realizar operaciones, etc.
  };

  const validate = (values) => {
    const errors = {};

    if (!values.gender) {
      errors.gender = 'Por favor, seleccione un género';
    }

    return errors;
  };

  return (
    <Formik
      initialValues={initialValues}
```

```
        onSubmit={onSubmit}
        validate={validate}
      >
        <Form>
          <div>
            <label>Genre:</label>
            <Field as="select" name="gender">
              <option value="">Seleccionar</option>
              <option value="male">Hombre</option>
              <option value="female">Mujer</option>
              <option value="other">Otro</option>
            </Field>
            <ErrorMessage name="gender" component="div" className="error" />
          </div>
          <button type="submit">Enviar</button>
        </Form>
      </Formik>
    );
};

export default SelectField;:
```

En este ejemplo, hemos creado un campo de selección para elegir un género (hombre, mujer, otro). Utilizamos el tipo de prop `as` de `Field` para especificar que queremos un campo de selección. Las differentes opciones se especifican en el cuerpo del componente `Field mediante` etiquetas `<option>`. El valor de cada opción se define mediante el atributo `value`.

### 6.4.2 Casillas de verificación (checkbox) y botones de opción (radio button)

También podemos gestionar casillas de verificación y botones de opcion utilizando el componente `Field`. Debe utilizar el tipo `checkbox` para las casillas de verificación y el tipo `radio` para los botones de opción en la prop `Type` de `Field`.

He aquí un ejemplo de utilización de casillas de verificación y botones de opcion con Formik:

```
import React from 'react';
import { Formik, Form, Field, ErrorMessage } from 'formik';

const CheckboxAndRadioField = () => {
  const initialValues = {
    agree: false,
    gender: '',
```

```
};

const onSubmit = (values) => {
  // Realizar acciones específicas al enviar
  console.log('Aceptado:', values.agree);
  console.log('Genero:', values.gender);
  // Enviar datos a un servidor, realizar operaciones, etc.
};

const validate = (values) => {
  const errors = {};

  if (!values.agree) {
    errors.agree = ' Debe aceptar los términos y condiciones de uso';
  }

  if (!values.gender) {
    errors.gender = 'Por favor, seleccione un género';
  }

  return errors;
};

return (
  <Formik
    initialValues={initialValues}
    onSubmit={onSubmit}
    validate={validate}
  >
    <Form>
      <div>
        <label>
          <Field type="checkbox" name="agree" />
          'Acepto los términos y condiciones'
        </label>
        <ErrorMessage name="agree" component="div" className="error" />
      </div>
      <div>
        <label>
          <Field type="radio" name="gender" value="male" />
          Homme
        </label>
        <label>
          <Field type="radio" name="gender" value="female" />
          Femme
        </label>
        <label>
          <Field type="radio" name="gender" value="other" />
          Autre
```

```
          </label>
          <ErrorMessage name="gender" component="div" className="error" />
        </div>
        <button type="submit">Enviar</button>
      </Form>
    </Formik>
  );
};

export default CheckboxAndRadioField;
```

### 6.4.3 Campo de archivo (file input)

El campo de archivo (*file input*) permite a los usuarios seleccionar archivos de su dispositivo local y subirlos al servidor. Usted puede utilizar el componente de entrada HTML con el tipo de `file` para crear un campo de archivo en su formulario.

Con Formik, la gestión de campos de archivo es similar a la de un simple campo de texto. Puede utilizar el componente `Field` con el tipo de `file` para crear un campo de archivo en su formulario.

He aquí un ejemplo de utilización de un campo de fichero con Formik:

```
import React from 'react';
import { Formik, Form, Field, ErrorMessage } from 'formik';

const FileInputField = () => {
  const initialValues = {
    file: null,
  };

  const onSubmit = (values) => {
    // Realizar acciones específicas durante el envío
    console.log('Fichier:', values.file);
    // Enviar el archivo a un servidor, realizar operaciones, etc.
  };

  const validate = (values) => {
    const errors = {};

    if (!values.file) {
      errors.file = 'Por favor, seleccione un archivo';
    }

    return errors;
  };
```

```
  return (
    <Formik
      initialValues={initialValues}
      onSubmit={onSubmit}
      validate={validate}
    >
      <Form>
        <div>
          <label>Seleccione un archivo:</label>
          <Field type="file" name="file" />
          <ErrorMessage name="file" component="div" className="error" />
        </div>
        <button type="submit">Enviar</button>
      </Form>
    </Formik>
  );
};

export default FileInputField:;
```

### 6.4.4 Selector de fecha (date picker)

Los selectores de fecha permiten a los usuarios seleccionar una fecha de un calendario interactivo. Por desgracia, los campos de fecha HTML estándar no son muy fáciles de usar y su aspecto puede variar de un navegador a otro.

Para mejorar la experiencia del usuario con los campos de fecha, puede utilizar bibliotecas de terceros que ofrezcan componentes de date picker personalizables.

Puede utilizar estas bibliotecas de terceros integrándolas con el componente `Field`, como lo haría con cualquier otro campo de formulario.

Primero instala la biblioteca react-datepicker:

```
npm install react-datepicker
```

Aquí hay un ejemplo de cómo usar un campo de fecha con Formik usando la biblioteca react-datepicker:

```
import React from 'react';
import { Formik, Form, Field, ErrorMessage } from 'formik';
import DatePicker from 'react-datepicker';
import 'react-datepicker/dist/react-datepicker.css';
```

```
const DateField = () => {
  const initialValues = {
    date: null,
  };

  const onSubmit = (values) => {
    // Realizar acciones específicas durante el envío
    console.log('Fecha seleccionada:', values.date);
    // Enviar datos a un servidor, realizar operaciones, etc.
  };

  const validate = (values) => {
    const errors = {};

    if (!values.date) {
      errors.date = 'Por favor, seleccione una fecha';
    }

    return errors;
  };

  return (
    <Formik
      initialValues={initialValues}
      onSubmit={onSubmit}
      validate={validate}
    >
      {({ setFieldValue, values }) => (
        <Form>
          <div>
            <label> Seleccione una fecha:</label>
            <DatePicker
              selected={values.date}
              onChange={(date) => setFieldValue('date', date)}
              dateFormat="dd/MM/yyyy"
              name="date"
            />
            <ErrorMessage name="date" component="div" className="error" />
          </div>
          <button type="submit">Enviar</button>
        </Form>
      )}
    </Formik>
  );
};

export default DateField;.
```

## 6.5 La validación de formularios

### Uso de bibliotecas de validación como Yup

Yup es una biblioteca de validación JavaScript que simplifica enormemente el proceso de validación de datos. Se utiliza ampliamente con Formik para realizar validaciones complejas y gestionar los errores de forma más concisa.

Para utilizar Yup con Formik, primero debe instalar Yup e importar las funciones de validación que necesite. A continuación, puede definir un esquema de validación utilizando Yup y asociarlo con su formulario Formik para realizar la validación del lado del cliente.

He aquí un ejemplo de uso de Yup para la validación del lado del cliente con Formik:

```
import React from 'react';
import { Formik, Form, Field, ErrorMessage } from 'formik';
import * as Yup from 'yup';

const ValidationSchema = Yup.object().shape({
  name: Yup.string().required('El nombre es obligatorio'),
  email: Yup.string()
    .email('Dirección de correo electrónico no válida')
    .required('La dirección de correo electrónico es obligatoria'),
  password: Yup.string()
    .min(6, 'La contraseña debe contener al menos 6 caracteres')
    .required('La contraseña es obligatoria'),
  confirmPassword: Yup.string()
    .oneOf([Yup.ref('password'), null], 'Las contraseñas no coinciden')
    .required('Se requiere la confirmación de la contraseña'),
});

const YupValidationForm = () => {
  const initialValues = {
    name: '',
    email: '',
    password: '',
    confirmPassword: '',
  };

  const onSubmit = (values) => {
    // Realizar acciones específicas al enviar
    console.log('Valores introducidos:', values);
    // Enviar datos a un servidor, realizar operaciones, etc.
  };
```

```
  return (
    <Formik
      initialValues={initialValues}
      validationSchema={ValidationSchema}
      onSubmit={onSubmit}
    >
      <Form>
        <div>
          <label>Apellido:</label>
          <Field type="text" name="name" />
          <ErrorMessage name="name" component="div" className="error" />
        </div>
        <div>
          <label>E-mail:</label>
          <Field type="email" name="email" />
          <ErrorMessage name="email" component="div" className="error" />
        </div>
        <div>
          <label>Contraseña:</label>
          <Field type="password" name="password" />
          <ErrorMessage name="password" component="div" className="error" />
        </div>
        <div>
          <label>Confirmar contraseña:</label>
          <Field type="password" name="confirmPassword" />
          <ErrorMessage name="confirmPassword" component="div"
className="error" />
        </div>
        <button type="submit">Enviar</button>
      </Form>
    </Formik>
  );
};

export default YupValidationForm;:
```

En este ejemplo, hemos creado un formulario con Formik utilizando Yup. Hemos definido un esquema de validación con Yup, especificando las reglas de validación para cada campo. Si un campo no cumple las reglas de validación, Yup genera automáticamente el mensaje de error correspondiente.

El objeto `ValidationSchema` define las reglas de validación para cada campo, utilizando los métodos de validación de Yup como `required`, `email` y `min`.

La propiedad `validationSchema` se utiliza para asociar el esquema de validación con nuestro formulario Formik. Cuando el usuario envía el formulario, Formik utiliza automáticamente el esquema de validación para comprobar los datos introducidos y mostrar cualquier error asociado.

## 6.6 React-hook-form, la alternativa a Formik

React Hook Form es una biblioteca de código abierto, también diseñada para la gestión de formularios. Ofrece un enfoque moderno y de alto rendimiento para validar y gestionar datos de formularios, sirviendo como alternativa a otras bibliotecas populares como Formik. React Hook Form aprovecha la funcionalidad clave de los hooks de React para proporcionar una experiencia de desarrollo eficiente y simplificada a la hora de crear y gestionar formularios.

Como su nombre indica, esta biblioteca explota las capacidades de los hooks introducidos en React para gestionar el estado interno del formulario. Se centra en reducir el renderizado innecesario y las actualizaciones de estado para mejorar el rendimiento del formulario.

React Hook Form propone una validación que evita el renderizado excesivo validando sólo cuando es necesario. Los campos se validan utilizando los esquemas de validación definidos. Estos esquemas pueden incluir reglas de validación como validación obligatoria, longitudes mínimas y máximas, formatos específicos, etc.

Si Formik no responde a sus necesidades o si desea ampliar sus conocimientos sobre soluciones de validación de formularios, usted puede consultar la siguiente documentación: https://react-hook-form.com/get-started

## 6.7 Gestión de formularios complejos

La gestión de formularios complejos suele ser un reto a la hora de desarrollar aplicaciones web. En esta sección, veremos distintas técnicas para gestionar los formularios que contienen campos dependientes entre sí, es decir, los campos cuyos valores dependen de los valores de otros campos del formulario.

### 6.7.1 Formularios con campos dependientes

Los formularios con campos dependientes son comunes cuando ciertos campos del formulario tienen relaciones o restricciones entre ellos. Por ejemplo, un campo **País** puede influir en las opciones disponibles en un campo **Ciudad**, o un campo **Tipo de pago** puede determinar las opciones disponibles en un campo **Tarjeta de crédito** o **PayPal**.

Para gestionar estas dependencias, usted puede utilizar el estado local del componente o hooks de gestión de estado como `useState` o `useReducer`.

He aquí un ejemplo de formulario con campos dependientes que utiliza `useState`:

```
import React, { useState } from 'react';

const DependentFieldsForm = () => {
  const [country, setCountry] = useState('');
  const [cities, setCities] = useState([]);

  const handleCountryChange = (event) => {
    const selectedCountry = event.target.value;
    setCountry(selectedCountry);

    // Aquí, puede actualizar las opciones disponibles
para el campo "Ciudad" según el país seleccionado
    // Ejemplo ficticio:
    if (selectedCountry === 'España') {
      setCities(['Madrid', 'Barcelona', 'Sevilla']);
    } else if (selectedCountry === 'USA') {
      setCities(['New York', 'Los Angeles', 'Chicago']);
    } else {
      setCities([]);
    }
  };

  const handleSubmit = (event) => {
```

```
    event.preventDefault();
    // Realizar acciones específicas cuando se envía el
formulario
  };

  return (
    <form onSubmit={handleSubmit}>
      <div>
        <label>Pays:</label>
        <select value={country} onChange={handleCountryChange}>
          <option value="">Seleccione un país</option>
          <option value="España">España</option>
          <option value="USA">USA</option>
        </select>
      </div>
      <div>
        <label>Ciudad: </label>
        <select value={city} onChange={handleCityChange}>
          <option value="">Selecciona una ciudad</option>
          {cities.map((city) => (
            <option key={city} value={city}>{city}</option>
          ))}
        </select>
      </div>
      <button type="submit">Enviar</button>
    </form>
  );
};

export default DependentFieldsForm;::
```

### 6.7.2 Formularios Multipasos

Los formularios Multipasos se dividen en varias etapas o secciones. Cada paso del formulario puede contener un conjunto de campos a rellenar, y el usuario avanza de un paso al siguiente hasta completar todos los pasos.

Para configurar un formulario Multipasos en con React, puede utilizar el estado local del componente para realizar un seguimiento del paso actual y mostrar los campos adecuados según el paso actual.

He aquí un ejemplo de un formulario Multipasos:

```
import React, { useState } from 'react';

const WizardForm = () => {
  const [currentStep, setCurrentStep] = useState(1);
```

```
  const [formData, setFormData] = useState({
    firstName: '',
    lastName: '',
    email: '',
    password: '',
    confirmPassword: '',
    address: '',
    city: '',
    postalCode: '',
    country: '',
  });

  const handleChange = (event) => {
    const { name, value } = event.target;
    setFormData({
      ...formData,
      [name]: value,
    });
  };

  const handleNext = () => {
    setCurrentStep((prevStep) => prevStep + 1);
  };

  const handlePrevious = () => {
    setCurrentStep((prevStep) => prevStep - 1);
  };

  const handleSubmit = (event) => {
    event.preventDefault();
    // Realizar acciones específicas en el envío del formulario
    console.log('Datos introducidos:', formData);
  };

  const renderFormFields = () => {
    switch (currentStep) {
      case 1:
        return (
          <>
            <div>
              <label>Nombre:</label>
              <input type="text" name="firstName"
value={formData.firstName} onChange={handleChange} />
            </div>
            <div>
              <label>Nom:</label>
              <input type="text" name="lastName"
value={formData.lastName} onChange={handleChange} />
            </div>
            {/* Otros campos del primer paso */}
```

```
            <button type="button" onClick={handleNext}>Siguiente</button>
          </>
        );
      case 2:
        return (
          <>
            <div>
              <label>E-mail:</label>
              <input type="email" name="email"
value={formData.email} onChange={handleChange} />
            </div>
            <div>
              <label>Contraseña:</label>
              <input type="password" name="password"
value={formData.password} onChange={handleChange} />
            </div>
            {/* Otros campos en el segundo paso */}
            <button type="button" onClick={handlePrevious}>
Précédent</button>
            <button type="button" onClick={handleNext}>Suivant</button>
          </>
        );
      case 3:
        return (
          <>
            <div>
              <label>Dirección:</label>
              <input type="text" name="address"
value={formData.address} onChange={handleChange} />
            </div>
            <div>
              <label>Ciudad:</label>
              <input type="text" name="city"
value={formData.city} onChange={handleChange} />
            </div>
            {/* Otros campos en el tercer paso */}
            <button type="button" onClick={handlePrevious}>
Précédent</button>
            <button type="submit">Enviar</button>
          </>
        );
      default:
        return null;
    }
  };

  return (
    <form onSubmit={handleSubmit}>
      {renderFormFields()}
    </form>
```

```
  );
};

export default WizardForm;:
```

En este ejemplo, hemos creado un formulario con tres pasos. El estado local `currentStep` hace un seguimiento de la etapa actual, y utiliza una función `renderFormFields` para mostrar los campos correspondientes en función del paso actual.

Cuando el usuario hace clic en los botones **Siguiente** o **Anterior**, actualizamos currentStep según la acción realizada. Cuando el usuario llega al último paso y pulsa el botón **Enviar**, enviamos el formulario y mostramos los datos introducidos.

### 6.7.3 Formularios con listas dinámicas (añadir/eliminar campos)

Los formularios con listas dinámicas permiten a los usuarios añadir o eliminar dinámicamente los campos de formulario en función de sus necesidades. Esto resulta especialmente útil cuando hay que introducir datos repetitivos, como listas de artículos, múltiples direcciones, etc.

Para crear formularios con listas dinámicas, puede utilizar un enfoque basado en el estado local y funciones para añadir o eliminar elementos de la lista.

He aquí un ejemplo de formulario con una lista dinámica de campos de dirección:

```
import React, { useState } from 'react';

const DynamicFieldsForm = () => {
  const [addresses, setAddresses] = useState([{ street: '', city: '',
postalCode: '' }]);

  const handleChange = (index, event) => {
    const { name, value } = event.target;
    const newAddresses = [...addresses];
    newAddresses[index][name] = value;
    setAddresses(newAddresses);
  };

  const handleAddAddress = () => {
    setAddresses([...addresses, { street: '', city: '', postalCode: ''
}]);
  };
```

```
  const handleRemoveAddress = (index) => {
    const newAddresses = [...addresses];
    newAddresses.splice(index, 1);
    setAddresses(newAddresses);
  };

  const handleSubmit = (event) => {
    event.preventDefault();
    // Realizar acciones específicas al enviar el formulario
    console.log('Direcciones introducidas:', addresses);
  };

  return (
    <form onSubmit={handleSubmit}>
      {addresses.map((address, index) => (
        <div key={index}>
          <div>
            <label>Calle:</label>
            <input type="text" name="street" value={address.street}
onChange={(e) => handleChange(index, e)} />
          </div>
          <div>
            <label>Ciudad:</label>
            <input type="text" name="city" value={address.city}
onChange={(e) => handleChange(index, e)} />
          </div>
          <div>
            <label>Código postal:</label>
            <input type="text" name="postalCode"
value={address.postalCode} onChange={(e) => handleChange(index, e)} />
          </div>
          <button type="button" onClick={() =>
handleRemoveAddress(index)}>Suprimir</button>
        </div>
      ))}
      <button type="button" onClick={handleAddAddress}> Añadir una
dirección</button>
      <button type="submit">Enviar</button>
    </form>
  );
};

export default DynamicFieldsForm;
```

En este ejemplo, hemos creado un formulario con una lista dinámica de direcciones. La tabla de `addresses` del estado local contiene las direcciones introducidas por el usuario. Cuando el usuario añade o elimina una dirección, actualizamos la tabla de `addresses` en consecuencia.

Para cada dirección, mostramos los campos de entrada correspondientes. Cuando el usuario pulsa el botón **Añadir dirección**, añadimos una nueva entrada vacía a la tabla de `addresses`, mostrando un nuevo conjunto de campos para una nueva dirección. Cuando el usuario pulsa el botón **Suprimir** junto a una dirección, borramos la entrada correspondiente de la tabla de `addresses`, lo que elimina los campos asociados a esa dirección.

De este modo, los usuarios pueden añadir o eliminar direcciones fácilmente según sus necesidades, lo que hace que el formulario sea más flexible y fácil de utilizar.

# 7. Optimización del rendimiento de las aplicaciones

Optimizar el rendimiento es la garantía de una experiencia de usuario fluida y con capacidad de respuesta. En esta sección, exploraremos diversas estrategias y prácticas recomendadas para optimizar el rendimiento de sus aplicaciones React.

## 7.1 Comprender los problemas de rendimiento

Antes de empezar a optimizar, debes conocer los principales problemas de rendimiento de las aplicaciones React. Esto incluye la capacidad de respuesta de la interfaz de usuario, la velocidad de carga inicial, la gestión de estados, etc. Uno de los principios básicos es no hacer tu bundle (el código que vas a entregar en producción) demasiado pesado. Hemos visto en este capítulo que hay paquetes npm para hacer de todo, pero antes de elegir uno, compara y ten en cuenta el tamaño de su bundle JavaScript.
El sitio web https://bundlephobia.com/ es un recurso útil. Introduciendo el nombre de un paquete npm, puedes ver su tamaño y una estimación de los tiempos de carga.

He aquí un ejemplo con Formik:

### 7.1.1 Reactividad de la interfaz de usuario

La capacidad de respuesta de una interfaz de usuario se refleja en su capacidad para responder rápidamente a las acciones del usuario, como clics, entradas e interacciones. En una aplicación React, cada componente puede actualizarse tras un cambio de estado o de propiedades. Sin embargo, las actualizaciones excesivas o mal gestionadas pueden provocar ralentizaciones y problemas de rendimiento.

### 7.1.2 Velocidad de carga inicial

La primera impresión cuenta mucho para los usuarios. La velocidad de carga de vuestra aplicación cuando un usuario accede a ella por primera vez es crucial. Los tiempos de carga demasiado largos pueden desanimar a los usuarios y hacer que abandonen la aplicación antes incluso de que se muestre correctamente.

### 7.1.3 Gestión de estado

La gestión de estados puede tener un impacto significativo en el rendimiento. Las actualizaciones de estado excesivas o innecesarias pueden hacer que los componentes se rendericen con frecuencia, incluso cuando no es necesario. Una mala gestión de estados también puede provocar un uso excesivo de memoria y ralentizar la aplicación.

### 7.1.4 Renderizado no necesario

El renderizado innecesario se produce cuando los componentes se actualizan o renderizan innecesariamente. Esto puede ocurrir como resultado de actualizaciones de estado no optimizadas o condiciones de renderizado mal definidas. La renderización innecesaria puede dar lugar a un rendimiento deficiente y al desperdicio de recursos.

### 7.1.5 Consulta y gestión de datos

Las aplicaciones modernas realizan a menudo solicitaciones a la red para obtener o actualizar datos. Una mala gestión de estas peticiones puede provocar retrasos y latencia innecesarios para los usuarios. Además, una estructura de datos deficiente puede provocar un consumo excesivo de ancho de banda y una carga lenta de los datos.

### 7.1.6 Renderizado condicional

La renderización condicional, aunque útil para mostrar componentes en función de determinadas condiciones, puede convertirse en un problema de rendimiento si las condiciones son complejas o cambian con frecuencia. Los cálculos de renderizado condicional pueden ralentizar la aplicación y provocar actualizaciones excesivas.

## 7.2 Almacenamiento en caché y memorización

El caché y la memorización son técnicas que permiten almacenar datos temporalmente para no tener que recalcularlos o recuperarlos cada vez que se utilizan. Esto puede mejorar el rendimiento al reducir los cálculos redundantes. Cubrimos estas técnicas en useMemo.

## 7.3 Lazy loading y suspense

La carga perezosa (lazy loading) es una técnica en la que los componentes sólo se cargan cuando el usuario los necesita, lo que puede reducir el tiempo de carga inicial de la aplicación. Suspense es un mecanismo asíncrono de gestión de esperas que puede utilizarse con la lazy loading para mejorar la experiencia del usuario.

He aquí un ejemplo:

```
import React, { Suspense } from 'react';

const LazyLoadedComponent = React.lazy(() =>
import('./LazyLoadedComponent'));

function App() {
  return (
    <div>
      <h1>Mon Application React</h1>
      <Suspense fallback={<div>Chargement...</div>}>
        <LazyLoadedComponent />
      </Suspense>
    </div>
  );
}

export default App;
```

Usamos `React.lazy` para cargar el componente `LazyLoadedComponent` de manera Lazy. El módulo se importará de forma asíncrona, solo cuando se renderice por primera vez.

En el componente `App`, utilizamos el elemento `Suspense` para envolver el `LazyLoadedComponent`. El atributo `fallback` se utiliza para especificar qué debe mostrarse mientras se carga `LazyLoadedComponent` (en este caso, un simple mensaje "Cargando...").

## 7.4 Virtualización

La virtualización es una técnica utilizada para optimizar la renderización de listas largas al renderizar únicamente los elementos visibles en la pantalla. Esto puede reducir la carga del navegador y mejorar el rendimiento al evitar la necesidad de manipular y diseño de elementos fuera de la vista del usuario. Veremos un ejemplo usando la biblioteca react-window.

El primer paso es instalarlo así:

```
npm install react-window
```

A continuación, podemos crear una lista larga y mostrarla utilizando la virtualización:

```
import React from 'react';
import { FixedSizeList as List } from 'react-window';

const longueListe = Array(1000).fill().map((_, index) =>
`Élément ${index + 1}`);

const Row = ({ index, style }) => {
  return <div style={style}>{longueListe[index]}</div>;
};

function App() {
  return (
    <List
      height={400}
      itemCount={longueListe.length}
      itemSize={35}
      width={300}
    >
      {Row}
    </List>
  );
}

export default App;
```

Creamos un array `longList` de mil elementos para mostrar, luego definimos un componente `Row` que toma `index` y `style` como props. Este componente se utiliza para mostrar cada fila de la lista.

A continuación, podemos utilizar el componente `List`, pasándole la altura y la anchura de la lista, así como el tamaño de cada elemento (`itemSize`) y el número total de elementos (`itemCount`). El componente `Row` se pasa como hijo a `List`, y se llama para hacer visible cada elemento de la lista.

## 7.5 Code splitting

El code splitting consiste en dividir el código en varios fragmentos (chunks) y cargarlos sólo cuando sea necesario. Esto puede reducir el tamaño inicial de descarga de su aplicación y acelerar la carga de la página. Este paso lo gestionan directamente herramientas como Vite.

## 7.6 Análisis de rendimiento

Utilice herramientas como Lighthouse, Google PageSpeed Insights o Web Vitals para analizar el rendimiento de su aplicación, detectar problemas y recibir recomendaciones de mejora.

## 7.7 Prueba de rendimiento

Realice pruebas de rendimiento periódicas para evaluar la velocidad de carga, la capacidad de respuesta y la fluidez de su aplicación en distintas condiciones. Esto le ayudará a detectar problemas y tomar medidas correctoras.

Siguiendo estas estrategias y buenas prácticas, podrás optimizar el rendimiento de tus aplicaciones React, ofreciendo una mejor experiencia de usuario y reduciendo las frustraciones asociadas a la lentitud y los tiempos de carga.

# Capítulo 5
# Gestión del estado

## 1. Introducción

La gestión del estado es uno de los aspectos cruciales de cualquier aplicación React y front-end en general. Se trata de determinar cómo almacenar, actualizar y compartir datos dentro de la aplicación. En este capítulo, exploraremos las diferentes soluciones de gestión de estados disponibles en el contexto de React.

## 2. Las diferentes soluciones

Hay varios enfoques para gestionar el estado en una aplicación React, cada uno con sus propias ventajas y casos de uso específicos. Una idea que surge a menudo es agrupar todos los datos en un estado global, que a su vez puede dividirse en subestados.

Estamos hablando aquí de un estado que debe ser compartido en toda la aplicación, que no debe confundirse con el estado local de un componente, que es específico de un componente (con `useState`, por ejemplo). React proporciona una API llamada Context que permite compartir un estado entre diferentes componentes, pero este enfoque a veces tiene sus limitaciones y puede ser necesario utilizar una biblioteca de gestión de estado. También en este caso existen varias soluciones, siendo las más conocidas Redux y MobX.

En primer lugar, echemos un vistazo a las distintas soluciones que existen y que usted podra explorar en tus distintos proyectos. Luego, nos centraremos más en Redux y MobX.

## 2.1 Estado del servidor (server state) y estado del cliente (client state)

Cuando se cuenta con un store o un objeto global para almacenar el estado de la aplicación, puedes ser tentador almacenar todo allí, ya sea el estado de la interfaz de usuario, la lista de los últimos elementos devueltos por una API o incluso datos de negocio. Muchos desarrolladores de React han hecho esto durante mucho tiempo, pero ahora se considera una mala práctica.

Los conceptos de estado del servidor y estado del cliente han surgido. En cuanto al estado del servidor se refiere a menudo a lo que viene del back-end y que potencialmente necesita ser almacenado en caché durante un período de tiempo determinado. El estado del cliente, por su parte, se refiere a toda la información que no necesita almacenarse en el servidor, sino que es necesaria para la interacción real con el usuario. Esto podría incluir cosas como el elemento actualmente seleccionado en una lista desplegable, si un menú está abierto o cerrado, o el valor actual de un campo de entrada.

## 2.2 El context API

El context API es una función de React que permite compartir el estado entre componentes que no están directamente vinculados por una relación padre-hijo. A menudo se utiliza para compartir datos globales que deben ser accesibles en diferentes niveles de la arborescencia de componentes.

## 2.3 Redux

Redux es una biblioteca de gestión de estados que proporciona un enfoque centralizado para almacenar y gestionar el estado de las aplicaciones. Resulta especialmente útil para aplicaciones de gran tamaño con un estado complejo que se comparte entre muchos componentes.

## 2.4 MobX

MobX es otra biblioteca de gestión de estados que permite hacer que los componentes reaccionen a los cambios de estado: los sigue de manera precisa. Estos estados son observables y cualquier parte de su UI que observe ese estado se actualiza automáticamente cuando cambia. MobX ofrece un enfoque más intuitivo y menos rígido que Redux, pero la elección de utilizar uno u otro depende de las necesidades y preferencias del proyecto.

## 2.5 Recoil

Recoil es una biblioteca de gestión de estados para React que ofrece un enfoque basado en «átomos» y «selectores». Los átomos representan unidades individuales de estado, mientras que los selectores permiten derivar o transformación el estado. Recoil proporciona una gestión de estados más local y modular que otras soluciones. Esto puede hacer que las aplicaciones sean más eficientes y mantenibles, especialmente cuando se vuelven complejas. El diseño de Recoil tiene como objetivo proporcionar coherencia y flexibilidad al tiempo que se integra estrechamente con la funcionalidad de React.

## 2.6 Zustand

Zustand es una pequeña biblioteca de gestión de estados para JavaScript y React que adopta un enfoque simple y minimalista. En lugar de una arquitectura pesada como otras soluciones, Zustand ofrece un almacén ligero con una API concisa, que permite crear y gestionar el estado con unas pocas funciones. El estado puede definirse y actualizarse en un store central sin necesidad de reductores ni acciones explícitas. Gracias a su sencillez y ligereza, Zustand suele elegirse para proyectos que buscan rapidez de implementación y rendimiento, sin la complejidad de otras soluciones más robustas.

## 3. Combinar contexto y los hooks

El contexto y los hooks son funcionalidades potentes de React que se pueden utilizar en combinación para gestionar y compartir el estado entre los componentes. En esta sección, exploraremos cómo utilizar la API Context junto con los hooks para gestionar el estado de la aplicación. Vamos desglosar los pasos para mostrar cómo crear un contexto y luego utilizarlo en todas partes.

### 3.1 Crear un contexto

El React Context API permite crear un contexto en el que usted puede almacenar datos globales y hacerlos accesibles a cualquier componente de la jerarquía sin tener que pasarlos explícitamente a través de las props. Se puede crear un contexto utilizando la función `createContext()`.

- En primer lugar, necesita crear un contexto para su aplicación, idealmente en un archivo separado llamado MyContext.js.
- Utilise el método `createContext` de React:

```
import { createContext } from 'react';

const MyContext = createContext();

export default MyContext;
```

Este contexto tiene dos componentes, `MyContext.Provider` y `MyContext.Consumer`, de los que hablaremos a continuación.

- Para que los componentes de su aplicación tengan acceso al estado y a las funciones de actualización, envuelva su aplicación o la parte correspondiente con `MyContext.Provider` en un archivo App.js:

```
import React, { useState } from 'react';
import MyContext from './MyContext';
import ChildComponent from './ChildComponent';

function MyApp() {
  // 1. Creación del estado que queremos compartir en todas partes
  const [estado, setEstado] = useState('Hello World');

  return (
```

```
    // 2. Utilisacion de Context Provider
    <MyContext.Provider value={{ estado, setEstado }}>
      <ChildComponent />
    </MyContext.Provider>
  );
}

export default MyApp;
```

En resumen, nuestro componente raíz ha creado un estado mediante `useState`, que luego ha puesto a disposición de todos sus hijos mediante context. En la siguiente sección, veremos cómo un componente hijo puede utilizar estos datos.

## 3.2 Utilización de Context con el hook useContext

El hook `useContext` permite a un componente consumir datos de un contexto. Toma como argumento un contexto creado con `createContext()` y devuelve los datos contenidos en este contexto. Nótese que no sólo hemos pasado un valor a través del contexto, sino que también hemos pasado un estado generado con `useState` junto con su función de actualización, de forma que cada componente que consuma el contexto pueda modificar los valores asociados.

Ahora podemos crear un componente hijo que tendrá acceso a los datos compartidos a través del contexto, independientemente de su posición en la arborescencia de la aplicación.

▶ Cree un archivo ChildComponent.js:

```
import React, { useContext } from 'react';
import MyContext from './MyContext';

function ChildComponent() {
  // Accede al estado con useContext
  const { estado, setEstado } = useContext(MyContext);

  return (
    <div>
      {etat}
      <button onClick={() => setEtat('Hello React Context')}>Cambiar
texto</button>
```

```
    </div>
  );
}

export default ChildComponent;
```

**Observación**

*El componente `<MiComponente>` y todos los componentes que quieran consumir datos de contexto deben ser hijos (no necesariamente hijos directos) de `<MyContextProvider>`. Afortunadamente, obtenemos errores muy precisos en la consola cuando olvidamos encapsular un componente en su provider.*

## 3.3 Uso de useReducer para estados más complejos

Utilizar `useReducer` con contexto es una forma excelente de gestionar un estado más complejo a la vez que se centraliza la lógica de actualización.

▶ Crear un archivo separado para el reductor, messageReducer.js :

```
const initialState = { message: 'Hello React Context' };

function messageReducer(state = initialState, action) {
  switch (action.type) {
    case 'UPDATE_MESSAGE':
      return { ...state, message: action.payload };
    default:
      return state;
  }
}

export { initialState, messageReducer };
```

En el archivo App.js, en lugar de utilizar un simple `useState`, vamos a importar nuestro reductor recién creado:

```
import React, { useReducer } from 'react';
import MyContext from './MyContext';
import ChildComponent from './ChildComponent';
import { initialState, messageReducer } from './messageReducer';

function MyApp() {
```

```
  const [state, dispatch] = useReducer(messageReducer, initialState);

  return (
    <MyContext.Provider value={{ state, dispatch }}>
      <ChildComponent />
    </MyContext.Provider>
  );
}

export default MyApp;
```

Por último, en ChildComponent.js, vamos a poder cambiar la forma en que actualizamos el estado contenido en el contexto:

```
import React, { useContext } from 'react';
import MyContext from './MyContext';

function ChildComponent() {
  const { state, dispatch } = useContext(MyContext);

  const handleChangeMessage = () => {
    dispatch({ type: 'UPDATE_MESSAGE', payload: 'Nuevo mensaje
from ChildComponent' });
  };

  return (
    <div>
      {state.message}
      <button onClick={handleChangeMessage}>cambiar mensaje</button>
    </div>
  );
}

export default ChildComponent;
```

En este ejemplo, el reductor se utiliza para definir cómo se debe cambiar el estado de la aplicación en respuesta a diferentes acciones. El `dispatch` proporcionado por `useReducer` se utiliza para desencadenar estas acciones. El contexto se utiliza entonces para hacer que el estado y el `dispatch` estén disponibles para otros componentes de la aplicación.

La ventaja es que la lógica de gestión de estados está bien organizada, es fácil de probar y depurar, y puede compartirse entre diferentes componentes sin tener que propagar manualmente los cambios de estado a través de la arborescencia de componentes profundo.

En la siguiente sección veremos con más detalle el uso de Redux y veremos que el concepto de reductor es muy importante.

## 4. Redux

Redux es una biblioteca JavaScript para gestionar el estado de una aplicación de manera predecible. Inspirada en los principios del lenguaje Elm, Redux funciona en torno a tres ejes fundamentales: un único estado fuente de verdad, un estado de solo lectura y modificaciones realizadas por funciones puras.

Las aplicaciones modernas de JavaScript pueden tener un estado complejo, repartido entre muchos componentes. La gestión de este estado puede llegar a ser confusa, especialmente cuando componentes no relacionados necesitan compartir o modificar partes de este estado. Redux proporciona una solución a este problema al centralizar el estado de la aplicación en un store global.

### 4.1 Elementos clave de Redux

Vamos a ver tres conceptos muy importantes, cada uno con un ejemplo. Por sí solos, representan la base de Redux, aunque, por supuesto, hay mucho más por descubrir. Para explicar estos elementos, vamos a utilizar un ejemplo bien conocido, el todo list.

#### 4.1.1 Actions

Los actions describen cómo debe modificarse el estado. Generalmente se envían al store utilizando la función `dispatch()`. Cada acción es un objeto JavaScript simple que contiene al menos una clave de `type`.

```
{
  type: 'ADD_TODO',
  payload: 'Aprende Redux'
}
```

Además del campo de `type`, los actions suelen tener un campo `payload`. La carga útil (*payload*) es una convención común para pasar información o datos adicionales sobre la acción. Es como un contenedor para todos los datos que quiere transmitir al reductor para realizar una actualización de estado.

### 4.1.2 Reductor (reducer)

Un reductor en el contexto de Redux es una función que tiene en cuenta el estado actual y una acción, y luego devuelve el nuevo estado. Los reductores son funciones puras, lo que significa que no modifican el estado actual, sino que devuelven una nueva copia del estado.

```
function todosReducer(state = [], action) {
  switch (action.type) {
    case 'ADD_TODO':
      return [...state, action.payload];
    default:
      return state;
  }
}
```

**Observación**

*El reductor debe devolver un nuevo estado que sobrescribirá el estado anterior. En el caso de una acción* ***ADD_TODO****, se devuelve un nuevo array que extiende(spread) el contenido del estado anterior y añade el elemento que se envió (dispatched) con la acción.*

### 4.1.3 Store

El store es el objeto que reúne el estado y los reductores. Tiene métodos para recuperar el estado actual (`getState()`), para enviar acciones (`dispatch()`) y suscribirse a los cambios (`subscribe()`).

### 4.1.4 Redux Toolkit

Redux Toolkit es un conjunto de herramientas oficial diseñado para simplificar el uso de Redux. Introduce utilidades que reducen el código repetido (*boilerplate*) y fomentan las buenas prácticas:

- `createSlice`: simplifica la creación de reductores y acciones.
- `configureStore`: configura automáticamente el store con funciones comunes.
- `createAsyncThunk`: facilita la gestión de acciones asíncronas.

Con la introducción de Immer, Redux Toolkit también facilita la escritura de reductores al permitir mutaciones directas en un estilo de código más intuitivo, conservando la inmutabilidad subyacente.

## 4.2 Crear un store

En primer lugar, hay que instalar las bibliotecas necesarias:

```
npm install @reduxjs/toolkit react-redux
```

Para empezar, cree reductores. Redux te permite crear varios y luego combinarlos.

```
// reducers.js
import todosReducer from './todosSlice';
import usersReducer from './usersSlice';

const rootReducer = {
  todos: todosReducer,
  users: usersReducer
};

export default rootReducer;
```

Ahora puede crear un store en un archivo independiente:

```
import { configureStore } from '@reduxjs/toolkit';
import rootReducer from './reducers';

const store = configureStore({
  reducer: rootReducer
});
```

Con Redux Toolkit, no necesita combinar manualmente los reductores. Basta con pasarlos al `configureStore`.

La función `configureStore` toma un objeto de configuración. El atributo más importante es `reducer`, que suele ser una combinación de varios reductores. Esta función también soporta la integración de Redux DevTools y la adición de ciertos middleware por defecto.

En Redux, el middleware permite interceptar las acciones antes de que lleguen a los reductores. Esto es ideal para gestionar efectos secundarios como las llamadas a la API. Redux Toolkit viene con redux-thunk como middleware por defecto, lo que nos permite escribir funciones de acción asíncronas.

## 4.3 Utilizar createSlice

Los slices son un concepto clave para estructurar el estado de forma eficiente. En lugar de tratar el estado general de la aplicación como un monolito, Redux permite dividirlo en segmentos más manejables, llamados slices.

Una de las principales funciones de Redux Toolkit es `createSlice`. Esta función genera automáticamente creadores de acciones y reductores a partir de un único objeto. Podemos crear un todosSlice.js :

```
import { createSlice } from '@reduxjs/toolkit';

const todosSlice = createSlice({
  name: 'todos',
  initialState: [],
  reducers: {
    addTodo: (state, action) => {
      state.push({ id: Date.now(), text: action.payload.text,
completed: false });
    },
    toggleTodo: (state, action) => {
      const todo = state.find(todo => todo.id === action.payload.id);
      if (todo) {
        todo.completed = !todo.completed;
      }
    }
  }
});
```

```
export const { addTodo, toggleTodo } = todosSlice.actions;
export default todosSlice.reducer;
```

**Observación**

*Gracias al Redux Toolkit, puedes escribir tus modificaciones directamente en el objeto de estado.*

La función `createSlice` toma como entrada un objeto de configuración. La clave `name` determina el nombre de esta parte del estado global, y `initialState` define el estado inicial. La clave `reducers` es un objeto donde cada clave es el nombre de una acción y su valor es un reductor que manipula el estado en función de esta acción. Esta función genera automáticamente creadores de acciones para cada reductor, eliminando la necesidad de crearlos manualmente.

## 4.4 Asincronismo con createAsyncThunk

Un thunk, en Redux, es una función que devuelve otra función tomando `dispatch` y `getState` como argumentos. Es una técnica para retrasar la ejecución de una acción, a menudo se utiliza para gestionar los efectos secundarios, tales como llamadas a la API. los Thunks son posibles gracias al middleware redux-thunk.

En lugar de escribir manualmente thunks, `createAsyncThunk` genera automáticamente una acción asíncrona con tres estados: `pending`, `fulfilled` y `rejected`. Imagine una situación en la que quiere cargar sus *todos* desde un servidor. Así es como puede hacerlo:

```
import { createSlice, createAsyncThunk } from '@reduxjs/
toolkit';

export const fetchTodos = createAsyncThunk('todos/fetchTodos',
async () => {
  const response = await fetch('/todos');
  return response.json();
});

const todosSlice = createSlice({
  name: 'todos',
  initialState: [],
```

```
  reducers: {
    // ... reductores anteriores
  },
  extraReducers: (builder) => {
    builder.addCase(fetchTodos.fulfilled, (state, action) => {
      return [...state, ...action.payload];
    });
  }
});
```

Aquí, `fetchTodos` es una acción asíncrona que, cuando se envía, llamará a una API. Si la petición tiene éxito, el estado de los todos se actualiza con los datos recibidos. El middleware redux-thunk se encarga de la ejecución asíncrona de esta acción.

## 4.5 Capacidad de prueba

Una de las principales ventajas de Redux Toolkit es su capacidad de prueba mejorada. Dado que los cambios de estado son explícitos y las acciones se generan de manera predecible, probar las interacciones y las transiciones de estado se vuelve más directo. Tomemos un ejemplo para probar nuestro reductor todos:

```
import todosReducer, { addTodo, toggleTodo } from './
todosSlice';

describe('todos reducer', () => {
  it('should handle initial state', () => {
    expect(todosReducer(undefined, {})).toEqual([]);
  });

  it('should handle adding a todo', () => {
    const text = 'Probar Redux Toolkit';
    const action = addTodo({ text });
    const resultingState = todosReducer([], action);
    expect(resultingState[0].text).toBe(text);
  });

  // ... otras pruebas para otras acciones
});
```

# 5. MobX

MobX es una biblioteca de gestión de estado minimalista y reactiva para las aplicaciones JavaScript, incluyendo aquellas construidas con React. MobX tiene como objetivo simplificar la gestión de estados permitiendo a los componentes reaccionar automáticamente a los cambios de estado sin tener que escribir mucho código. En esta sección, exploraremos los conceptos clave de MobX y cómo utilizarlos en una aplicación React. Utilizando algunos ejemplos, intentaremos visualizar las diferencias con Redux. Nos ceñiremos a ejemplos del tipo todo list.

## 5.1 Principios básicos de MobX

MobX se basa en una serie de conceptos clave: observables, acciones, reacciones y computed values.

### 5.1.1 Observables

Los observables son variables especiales que MobX rastrea. Se utilizan para almacenar el estado de su aplicación.

He aquí un ejemplo de observable:

```
import { observable } from "mobx";

const todoStore = observable({
  todos: [],
  get unfinishedTodoCount() {
    return this.todos.filter(todo => !todo.completed).length;
  }
});
```

Aquí usamos el decorador `observable` para definir un objeto `todoStore` que contendrá la lista de todos y un cálculo para obtener el número de todos sin completar. Cualquier cambio en la lista de todos o en el cálculo provocará automáticamente una actualización de los componentes asociados en React.

**Observación**

*En versiones anteriores de MobX, los decoradores se utilizaban habitualmente y llevaban el prefijo @. Sin embargo, desde la introducción de MobX 6, el uso de decoradores en esta forma ya no es la forma recomendada, aunque todavía se admiten por razones de compatibilidad con versiones anteriores. En su lugar, se pueden utilizar directamente funciones como observable, como en el ejemplo.*

### 5.1.2 Actions

Los actions son funciones que modifican el estado. Aquí, `addTodo` es una action que añade una tarea a la lista de tareas de nuestro store.

```
import { action } from "mobx";

const addTodo = action((todo) => {
  todoStore.todos.push(todo);
});
```

### 5.1.3 Reactions

Reactions son funciones que se ejecutan en respuesta a modificaciones en los observables. `autorun` se ejecuta cada vez que un observable al que está vinculado es modificado. En el siguiente ejemplo, cada vez que cambia el número de todos no completados, se muestra un mensaje en la consola.

```
import { autorun } from "mobx";

autorun(() => {
  console.log('Vous avez ${todoStore.unfinishedTodoCount}
elementos en tu lista de tareas.');
});
```

### 5.1.4 Computed values

En el ejemplo anterior de creación de un observable, `unfinishedTodoCount` es una propiedad calculada (*computed property*). Esta es una característica específica de MobX lo que le permite derivar información a partir del estado observable sin tener que almacenarla explícitamente.

Observación

*Nota: un computed value debe ser una función pura.*

## 5.2 MobX con React

El primer paso para integrar MobX con React es utilizar el paquete `mobx-react` o `mobx-react-lite` (para aquellos que utilizan únicamente las funciones de componentes de React). Estas bibliotecas proporcionan utilidades para conectar tu estado MobX a sus componentes React.

Con el auge de los hooks en React, `mobx-react-lite` ofrece el hook `useObserver`, que puede usarse para hacer que un componente funcional responda a observables:

```
import { useObserver } from "mobx-react-lite";

const TodoListView = ({ store }) => useObserver(() => (
  <div>
    {store.todos.map(todo => (
      <TodoView todo={todo} key={todo.id} />
    ))}
  </div>
));
```

Si necesita gestionar el asincronismo, MobX soporta las acciones asíncronas. En este ejemplo, definimos una acción `fetchTodos` para recuperar una lista de todos desde una API. Si la petición tiene éxito, la lista se actualiza en nuestro store.

```
import { action } from "mobx";

const fetchTodos = action(async () => {
  try {
    const response = await fetch('/api/todos');
    const todos = await response.json();
    todoStore.todos = todos;
  } catch (error) {
    console.error("Failed to fetch todos:", error);
  }
});
```

## 5.3 Conclusión

La gestión del estado está en el corazón de cualquier aplicación React compleja, actuando como puente entre la interfaz de usuario y los datos subyacentes. En este capítulo, hemos explorado tres soluciones principales para gestionar el estado en React: Context, Redux y MobX.

Mientras que Context ofrece una solución integrada para compartir el estado a través del arborescencia de componentes, Redux proporciona una arquitectura predictiva con flujo de datos unidireccional y una gestión centralizada del estado, lo que la hace ideal para aplicaciones de gran tamaño. MobX, por otro lado, ofrece un enfoque reactivo basado en observables, proporcionando granularidad fina y relativa simplicidad, particularmente para aquellos inclinados hacia la programación reactiva.

Cada solución tiene sus puntos fuertes y sus casos de uso óptimos, y la elección dependerá de las necesidades específicas de su proyecto, la escala de su aplicación y su preferencia personal en cuanto al paradigma de programación. Al dominar estos tres métodos, usted estará bien equipado para afrontar una multitud de retos de gestión de estados en sus proyectos React.

# Capítulo 6
# Gestión del estado del servidor con React Query

## 1. Introducción

React Query es una biblioteca que facilita la gestión de datos del lado del cliente en aplicaciones React. Proporciona características potentes para gestionar el estado y el almacenamiento en caché de datos provenientes de los servidores.

Sin embargo, hay que señalar que React Query no se centra en el estado global de una aplicación (como lo hace Redux o Context API), sino principalmente en el estado vinculado a datos distantes (llamadas al servidor, almacenamiento en caché, sincronización, etc.).

## 2. Instalación

### 2.1 Instalación de dependencias

En primer lugar, cree un nuevo proyecto con Vite y, a continuación, instala los paquetes necesarios utilizando tu gestor de paquetes favorito, como npm o yarn :

```
npm install @tanstack/react-query
```

Esto instalará la última versión estable de React Query, es decir, la versión 4 en el momento de escribir esto.

También le recomendamos que instale como dependencia de desarrollo el complemento ESLint, lo que le permitirá detectar más rápidamente los posibles errores que podríamos encontrar al utilizar React Query:

```
npm i -D @tanstack/eslint-plugin-query
```

## 2.2 Configuración del proveedor

Envuelva su aplicación con el componente `QueryClientProvider`, que proporciona el contexto para React Query pasando el `queryClient` a los hijos. De esta forma, todos los componentes podrán utilizar las funciones de React Query.

```
import './App.css'
import { QueryClient, QueryClientProvider } from '@tanstack/react-query';

const queryClient = new QueryClient();

function App() {
  return (
    <QueryClientProvider client={queryClient}>
      <p className="read-the-docs">
        Hello React Query !
      </p>
    </QueryClientProvider>
  )
}

export default App;
```

El `queryClient` puede configurarse de diferentes maneras. Por ejemplo, podemos especificar configuraciones globales para consultas o mutaciones, que veremos a continuación:

```
const queryClient = new QueryClient({
  defaultOptions: {
    queries: {
      // query options
    },
    mutations: {
```

```
        // mutation options
      },
    },
  })
```

Lo más importante por el momento es recordar que la forma de utilizar React Query se puede personalizar gracias a una serie de parámetros que se pueden aplicar a todas las consultas o sólo a algunas de ellas.

Una vez que haya configurado tu `queryClient`, usted puede empezar a utilizar la funcionalidad React Query en sus componentes.

# 3. Consultas (queries)

## 3.1 La función fetch

Ahora que todo está instalado y configurado, tenemos que escribir el código que se encarga de llamar efectivamente a una API. Por lo tanto, escribiremos una función que deberá devolver los datos o en caso de producirse un error, lanzar una excepción. Lo ideal es crear un nuevo archivo desde el que podamos exportar la función responsable de recuperar los datos. Estas funciones a veces se llaman fetchers en el contexto de React Query.

```
const fetchTodo = async ({ queryKey }) => {
  const id = queryKey[1];
  const apiRes = await fetch(`https://jsonplaceholder.
typicode.com/todos/${id}`);


  if (!apiRes.ok) {
    throw new Error(`Le fetch no ha funcionado`);
  }

  return apiRes.json();
};

export default fetchTodo;
```

La función `fetchTodo` es la que realmente hará la llamada a la API. Al separarla, puede ser probada independientemente y reutilizada en nuestra aplicación. El parámetro pasado como entrada `queryKey` es siempre un array que permite identificar la consulta. Este concepto de `queryKey` es importante, porque React Query se basa en él para almacenar en caché los datos y saber si debe o no hacer un refetch (volver a activar el fetch).

Fíjate en la condición `if`: tiene que provocar un error si se produce, porque una llamada `fetch` no lo haría si hubiera un error 400 o 500. Necesitamos esto.

**Observación**

*Nótese que no usamos `await` cuando llamamos a `apiRes.json()`. Cualquier función asíncrona devolverá de todos modos una promesa, así que no necesitamos usar await en el cuerpo de la función. Podrías hacerlo, sería lo mismo. Otro punto es que usamos el sitio https://jsonplaceholder.typicode.com/, que proporciona datos falsos para probar una llamada desde el front-end.*

Desde cualquier componente hijo ahora podemos utilizar React Query para recuperar datos.

## 3.2 Utilización de useQuery

Hemos preparado el `fetchTodo`, que se encarga de obtener un elemento del todo list utilizando un identificador.

```
import { useQuery } from "@tanstack/react-query";
import fetchTodo from "./fetchTodo";

const TodoComponent = () => {
  const results = useQuery(["getTodo", 4], fetchTodo);

  if (results.isLoading) {
    return (
      <div>
        <h2>Cargando...</h2>
      </div>
    );
  }
```

```
  const todo = results.data;

  return (

    <p className="read-the-docs">
        Todo liste :
        <ul>
            <li>{todo.title} - <input id="status"
type="checkbox"
checked={todo.completed} />
        </li>
        </ul>
      </p>
  );
};

export default TodoComponent;
```

Como podemos ver en el ejemplo, React Query tiene un hook llamado `useQuery` que toma como entrada un primer parámetro, la famosa clave que permite identificar una consulta de forma precisa.

React Query se encarga de conservar en caché las consultas basándose en los identificadores de consulta. Los identificadores deben tomar la forma de un array, desde una simple cadena de caracteres hasta un conjunto más complejo que mezcla diferentes cadenas y estructuras. Si este identificador se puede serializar y si es distinto para los datos de la consulta, entonces se puede utilizar.

Aquí, para el ejemplo, hemos juntado una cadena y el identificador del todo: `getTodo` y 4, para obtener el Todo con el identificador 4 de nuestro posible back-end. Así, cada vez que queramos obtener exactamente este elemento de nuestro servidor, React Query sabrá si ya tiene datos almacenados para este elemento.

El segundo parámetro pasado a `useQuery` es nuestra función fetch, la que realmente hará la llamada al servidor. De hecho, nuestro `fetchTodo` recibe como entrada el array pasado como primer argumento a `useQuery`, que es por lo que vamos a obtener el identificador de esta manera en `fetchTodo`:

```
const id = queryKey[1];
```

Podemos ver que `results`, que almacena el valor de retorno del hook `useQuery`, es un objeto que contiene numerosas banderas como `isLoading`, `isError`, `isFetching`, `isPaused`, entre otras. En el ejemplo, utilizamos `isLoading` para mostrar un mensaje de carga mientras dure la petición.

También puede especificar opciones adicionales para personalizar el comportamiento de la consulta, como:

- `enabled`: permite controlar si la petición debe ejecutarse automáticamente o no.
- `refetchOnMount`, `refetchOnWindowFocus`, `refetchOnReconnect`: controlan cuándo debe recuperarse la solicitud.
- `retry`: determina cómo tratar los intentos de solicitud fallidos.

## 4. Mutaciones

La mutación es otro aspecto importante de React Query. Permiten realizar operaciones de modificación sobre datos del lado del cliente y del lado del servidor de forma optimista y reactiva. Es básicamente el mismo proceso que una consulta, salvo que en este caso a menudo vamos a utilizar una solicitud `POST` con datos.

### Crear una mutación

React Query exporta un hook llamado `useMutation`, que se utiliza para realizar mutaciones. He aquí un ejemplo básico:

```
function App() {
  const mutation = useMutation({
    mutationFn: (newTodo) => {
      // Aquí, la url para POST un nuevo todo
      return fetch('/todos', {
        method: 'POST',
        headers: { 'Content-Type': 'application/json' },
        body: JSON.stringify(newTodo)
      }).then(res => res.json());
    }
  });

  return (
```

```
    <button onClick={() => mutation.mutate({ title:
'Comprar detergente' })}>
      Crear un nuevo elemento en la lista
    </button>
  );
}
```

Del mismo modo que `useQuery`, `useMutation` devolverá un objeto que contiene cierta información:

- `isIdle` o status === 'idle': la mutación está pendiente.
- `isLoading` o `status === 'loading'`: la mutación está en curso.
- `isError` o `status === 'error'`: se ha producido un error durante la mutación.
- `isSuccess` o `status === 'success'`: la mutación se ha realizado con éxito.

React Query es muy flexible y permite utilizar varios callbacks para gestionar diferentes efectos secundarios:

- `onMutate`: se ejecuta antes de lanzar la mutación.
- `onError`: se ejecuta cuando se produce un error.
- `onSuccess`: se ejecuta tras una mutación exitosa.
- `onSettled`: se ejecuta una vez que la mutación se ha resuelto, ya sea con éxito o con un error.

Por ejemplo, `onSuccess` puede utilizarse para invalidar y actualizar una solicitud después de una mutation:

```
useMutation({
  mutationFn: addTodo,
  onSuccess: () => {
    queryClient.invalidateQueries('todosList');
  }
});
```

## 5. Invalidation

La invalidación (Invalidation) de datos es un concepto clave en React Query. Es una de las formas en que React Query mantiene los datos actualizados y asegura que los usuarios siempre vean la información más actualizada. La invalidación no es la simple eliminación de datos, sino más bien una señal a React Query de que una consulta específica debe volver a ejecutarse la próxima vez que se necesite.

¿Por qué es necesario? Imagine una aplicación de gestión de listas de tareas. Cuando un usuario añade una nueva tarea, los datos del servidor se actualizan, pero los datos almacenados en caché en el cliente no reflejan este cambio. Si el usuario consulta la lista de tareas, es posible que no vea la nueva tarea porque los datos proceden de la caché. Aquí es donde entra en juego la invalidación.

### 5.1 Diferentes formas de invalidar una solicitud

Con React Query, podemos invalidar una consulta específica usando el `queryClient`. Cuando se invalida una consulta, significa que React Query sabe que sus datos pueden haber dejado de estar actualizados.

La próxima vez que se utilice esta solicitud (o inmediatamente si `refetchOnWindowFocus` u otros activadores de refetch están activados), React Query recuperará los datos de nuevo de la fuente original.

Así es como podría verse en el código:

```
const mutation = useMutation(newTask => addTask(newTask), {
  onSuccess: () => {
    queryClient.invalidateQueries('todosList');
  }
});
```

En este ejemplo, después de añadir una nueva tarea (es decir, una mutación exitosa), utilizamos el callback `onSuccess` para invalidar la consulta `todosList`. Esto significa que la próxima vez que se muestre o necesite la lista de tareas, React Query volverá a realizar la solicitud para obtener los datos más recientes.

La invalidación no necesariamente debe ser activada manualmente. React Query también ofrece otros métodos para activar la invalidación:

- `refetchOnWindowFocus`: cuando la ventana del navegador recibe el foco, React Query puede refrescar automáticamente las solicitudes invalidadas.
- `refetchOnReconnect`: si el usuario pierde su conexión a internet y luego la vuelve a encontrar, React Query puede refrescar las solicitudes invalidadas.

## 5.2 Otros medios de invalidación

React Query admite la invalidación automática basada en reglas de coincidencia.

Puede especificar las reglas de invalidación para cada solicitud utilizando la opción `staleTime`.

```
const { data } = useQuery('myData', fetchData, {
 staleTime: 60000, // Los datos quedarán obsoletos transcurridos
60 segundos
});
```

Si los datos son obsoletos (según la duración especificada en `staleTime`), React Query realizará automáticamente una nueva petición para obtener los datos más recientes del servidor.

## 5.3 Invalidaciones condicionales

También puede realizar invalidaciones condicionales utilizando `queryClient.invalidateQueries` con opciones de coincidencia personalizadas.

```
queryClient.invalidateQueries('myData', { exact: true });
```

En este ejemplo, la invalidación sólo se realizará si el nombre de la clave coincide exactamente con `myData`. Esto puede ser útil cuando se tienen varias instancias de la misma consulta con diferentes variables.

La gestión de la invalidación en React Query garantiza que la caché se mantenga actualizada y coherente con los datos del lado del servidor.

## 6. Utilizar herramientas de desarrollo específicas

React Query ofrece herramientas de desarrollo dedicadas que facilitan la supervisión y depuración del estado de la caché, las consultas y las mutaciones. Estas herramientas nos dan una mejor comprensión de lo que está pasando detrás de las escenas. El primer paso es instalar el paquete:

```
npm i @tanstack/react-query-devtools
```

A continuación, sólo tiene que importarlo y hacer que el componente aparezca en el componente principal:

```
import { ReactQueryDevtools } from '@tanstack/react-query-devtools'

function App() {
  return (
    <QueryClientProvider client={queryClient}>
      {/* El resto de nuestra aplicación */}
      <ReactQueryDevtools initialIsOpen={false} />
    </QueryClientProvider>
  )
}
```

El componente `ReactQueryDevtools` acepta muchas de las opciones listadas en la documentación de React Query. Aquí, hemos desactivado la apertura de DevTools en el lanzamiento estableciendo el `initialIsOpen` a `false`.

### Utilización de herramientas de desarrollo

Una vez instalada y activada la extensión, verá un icono con el logotipo de React Query; al hacer clic en él, se abrirá el panel.

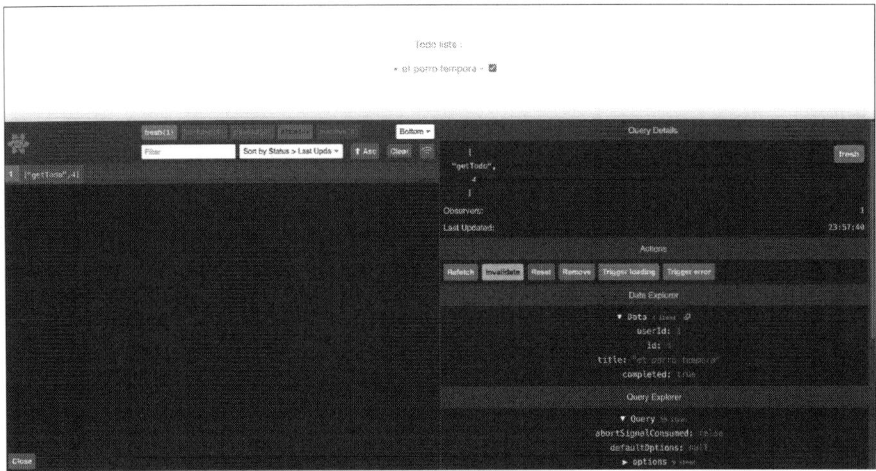


El Devtools de React Query enriquece vuestra experiencia de desarrollo dándole una visibilidad sin precedentes del comportamiento de las consultas dentro de su aplicación. Tómese su tiempo para familiarizarse con estas herramientas, ya que pueden facilitar la depuración y la comprensión de los matices de React Query.

Esta introducción a React Query muestra una alternativa a la antigua tendencia de usar el hook `useEffect` para recuperar datos cuando se carga un componente. En lugar de escribir toda una lógica de gestión de caché tediosa y manejar los efectos secundarios de cada componente, React Query ha proporcionado una solución sencilla y eficaz.

La documentación de React Query abarca conceptos más avanzados, y es probable que se realicen nuevos desarrollos con regularidad. Para saber más, echa un vistazo a la siguiente página:
https://tanstack.com/query/v4/docs/react/overview

# Capítulo 7
# Desarrollo móviles con React Native

## 1. Introducción

React Native es un marco de desarrollo de aplicaciones móviles que permite crear aplicaciones nativas para iOS y Android utilizando componentes React.

## 2. Presentación de React Native

React Native está diseñado para facilitar el desarrollo de aplicaciones móviles utilizando conocimientos de React.

### 2.1 Componentes nativos

A diferencia del desarrollo web con React, donde usamos componentes HTML, React Native nos proporcionará componentes específicos. Por ejemplo, en lugar de usar `<div>`, utilizamos componentes como `<View>`. Estos componentes específicos son llamados los componentes principales de React Native y son numerosos.

Así, en lugar de escribir vistas en Swift para iOS o en Kotlin/Java para Android, vamos a utilizar estos componentes, y React Native se encargará de llamar a los componentes nativos correspondientes en cada plataforma.

### 2.2 Reutilizar la lógica

Gran parte de la lógica empresarial y los componentes pueden compartirse entre aplicaciones iOS y Android. Esto reduce el tiempo y el esfuerzo necesarios para desarrollar y mantener aplicaciones para diferentes plataformas. Esto es especialmente cierto si ya tienes grandes habilidades en JavaScript y React, ya que ya no necesitas aprender a codificar en Swift o Java.

### 2.3 Acceso a las funciones del dispositivo

Usted puede acceder a la funcionalidad del dispositivo, como la cámara, el GPS, los sensores, etc., mediante API específicas de React Native. Si es necesario, puede integrar módulos nativos escritos en Swift (para iOS) o Java/Kotlin (para Android) directamente en su aplicación React Native.

## 3. Crear una aplicación con Expo

Hay varias formas de crear una aplicación React Native, como se menciona en la documentación oficial. La más sencilla es utilizar el framework de código abierto Expo.

Expo es un conjunto de herramientas y de servicios que facilitan el desarrollo de aplicaciones React Native. Ofrece un enfoque simplificado para iniciarse rápidamente en el desarrollo de aplicaciones móviles sin tener que configurar entornos de desarrollo nativos.

Fusiona lo mejor de móvil y web, ofreciendo características esenciales para desarrollar o mejorar una aplicación, incluyendo actualizaciones en tiempo real, compartir instantáneamente su aplicación y soporte web. El paquete npm de Expo ofrece una impresionante gama de funciones para aplicaciones React Native. Se puede integrar en casi cualquier proyecto.

## 3.1 La herramienta create-expo-app

▶Antes de empezar, asegúrese de haber instalado Node.js, Git y Watchman (sólo para Linux o macOS).

**Observación**

*La mejor manera de instalar Watchman, como se indica en la documentación de la herramienta, es utilizar Homebrew y escribir estos dos comandos:* `brew update` *y luego* `brew install watchman`.

Para facilitar la creación de proyectos, existe una herramienta de línea de comandos llamada `create-expo-app`, que podemos utilizar simplemente con npx :

```
npx create-expo-app MiAplicaciónExpo
```

Este comando toma como argumento el nombre del proyecto, en este caso `MiAplicacionExpo`, y crea un directorio con el mismo nombre. Al final de la ejecución, deberías ver un mensaje explicando cómo iniciar el proyecto. Lo haremos en la siguiente sección con Expo Go.

## 3.2 La aplicación Expo Go

Expo Go es una aplicación móvil disponible en las distintas tiendas (iOS o Android). Su función principal es ejecutar nuestras aplicaciones codificadas en React Native en nuestros propios dispositivos para realizar pruebas. El proceso de desarrollo se simplifica enormemente, ya que todo lo que tienes que hacer es lanzar tu proyecto localmente, acceder a él desde tu teléfono personal y cuando modificas el código, la aplicación se recarga al instante.

▶En su dispositivo móvil personal, descargue la aplicación desde su tienda.

Ahora puede iniciar el proyecto con el comando:

```
npm run start
```

Este comando ejecutará expo `start` y mostrará un código QR directamente en el terminal:

- Escanee este código desde su dispositivo y se le pedirá que abra Expo Go. No dude en crear una cuenta para aprovechar al máximo lo que Expo le ofrece. Como ocurre con muchos servicios, hay una opción de tarifa básica gratuita para que puedas experimentar.
- Asegúrese de que está en la misma red que su ordenador. Debería ver la página generada por `create-expo-app`.
- Abra el archivo App.js.

```
<View style={styles.container}>
  <Text>¡Abre App.js para empezar a trabajar en tu aplicación!</Text>
  <StatusBar style="auto" />
</View>
```

Lo reconocerás como código JSX y un simple componente React, ya que hemos visto varios de ellos desde el principio del libro. Si modificas un poco este componente y guardas, verás que la aplicación se actualiza automáticamente en su teléfono.

Antes de seguir adelante, debe saber que la documentación de Expo será su mejor aliada. Puede acceder a ella en https://docs.expo.dev. Podrá informarse de temas como la creación de una pantalla de bienvenida (*splash screen*) para su aplicación o cómo desplegarla en las tiendas.

En la siguiente sección, nos interesaremos a la navegación. Como vimos en las aplicaciones React para la Web, también existen soluciones prácticas para navegar por una aplicación React Native.

## 4. Configurar la navegación

La navegación entre las diferentes partes de su aplicación es esencial para proporcionar una experiencia de usuario fluida. En React Native, existen varias bibliotecas de navegación que le permiten gestionar la navegación entre las pantallas. Un ejemplo es la biblioteca React Navigation.

### 4.1 Instalación de dependencias y configuración del proyecto

La principal ventaja de Expo es su amplio ecosistema. Así, para la navegación, podemos utilizar la herramienta proporcionada, que se llama Expo Router. Para ello es necesario instalar una serie de paquetes:

```
npx expo install expo-router react-native-safe-area-context
react-native-screens expo-linking expo-constants expo-status-bar
react-native-gesture-handler
```

A continuación, en el archivo package.json, cambie el valor de `main` de la siguiente manera:

```
{
"main": "expo-router/entry"
}
```

Por último, en el archivo app.json, es necesario especificar el `scheme`:

```
{
"scheme": "my-app-scheme",
}
```

**Observación**

*El `scheme` hace referencia a un esquema de URI (Uniform Resource Identifier), que permite abrir la aplicación desde una URL. Por ejemplo, si tienes una aplicación llamada `myapp`, podrías definir un esquema como `myapp` y luego abrir tu aplicación desde un navegador u otra aplicación usando una URL como myapp://. Esto es especialmente útil para funciones como los enlaces profundos(deep linking), que le permiten abrir una determinada parte o pantalla de tu aplicación directamente desde un enlace.*

Sólo nos queda modificar la configuración de Babel para añadir el plugin `expo-router/babel`. Para ello, tenemos que abrir el archivo babel.config.js:

```
module.exports = function (api) {
  api.cache(true);
  return {
    presets: ['babel-preset-expo'],
    plugins: ['expo-router/babel'],
  };
};
```

Aquí hemos visto la configuración mínima necesaria para integrar la navegación en nuestra aplicación. Con `expo-router`, la navegación se basa en la arborescencia de archivos del proyecto. Vayamos más allá en la siguiente sección.

## 4.2 El directorio app

Expo Router se basa en la presencia de una carpeta llamada app. Cuando se crea un archivo en el directorio app de la aplicación, se convierte automáticamente en una ruta.

Por ejemplo, los siguientes archivos se asociarán a las rutas correspondientes:

- app/index.js corresponde a /
- app/home.js corresponde a /home
- app/preferences/index.js corresponde a /preferences
- app/[usuario].js corresponde a rutas de acceso dinámicas como /expo o /antonio

Para crear nuestra página de inicio, necesitamos crear la carpeta app y un archivo index.js dentro de ella:

```
// app/index.js

import { Text } from 'react-native';

export default function Page() {
  return <Text>Accueil</Text>;
}
```

Ejecute (o reinicie) su proyecto expo con el comando `npm start`paraasegurarsede que se tienen en cuenta las nuevas dependencias. Verás que ahora la aplicación se inicia en la página index.js en lugar de App.js.

### 4.3 Navegación entre pantallas

Para navegar entre pantallas, puedes utilizar el componente `Link` proporcionado por `expo-router`. En el directorio de la app, crea una nueva página llamada about.js y simplemente inserta algo de texto para indicar que estamos en una página diferente:

```
import { Text } from 'react-native';

export default function About() {
    return (
        <>
            <Text>Acerca de</Text>
        </>
    );
}
```

Ahora tenemos dos páginas, index.js y about.js. Para navegar desde la pantalla de inicio a la otra página, puedes hacer algo como esto:

```
import { Button, Text } from 'react-native';
import { Link } from 'expo-router';

export default function Page() {
    return (
          <>
                 <Text>Home page</Text>
                 <Link href='/about' asChild>
                        <Button title= 'Navegar a Acerca de' />
                 </Link>
          </>
    );
}
```

Usando `expo-router`, puede configurar la navegación entre pantallas en su aplicación React Native de forma simple y efectiva. Esto permitirá a los usuarios navegar fácilmente entre las diferentes partes de su aplicación. No dude en consultar la documentación de Expo y especialmente la documentación de `expo-router` para otros casos de navegación.

# 5. Añadir estilo

Añadir estilos a sus componentes es crucial para crear una experiencia de usuario atractiva y consistente. En React Native, el estilo se gestiona mediante hojas de estilo que se asemejan a las hojas de estilo CSS.

## 5.1 Utilizar estilos en línea

React Native no utiliza ni `class` ni `classname` para el estilo, a diferencia de React para la Web. En su lugar, React Native utiliza un sistema de estilo basado en JavaScript que es algo similar a CSS, pero con algunas diferencias notables.

Puede añadir estilos directamente en línea en sus componentes utilizando el atributo `style`. Las propiedades de estilo son similares a las de CSS, pero con nombres en formato `camelCase`.

```
import { View, Text, StyleSheet } from 'react-native';

const MyComponent = () => {
  return (
    <View style={styles.container}>
      <Text style={styles.text}>¡Hola, React Native!</Text>
    </View>
  );
};

const styles = StyleSheet.create({
  container: {
    flex: 1,
    justifyContent: 'center',
    alignItems: 'center',
    backgroundColor: '#f2f2f2',
  },
  text: {
    fontSize: 20,
    color: 'blue',
  },
});

export default MyComponent;
```

Para aplicar estilos en React Native, generalmente usamos la función `StyleSheet.create`, que te permite definir estilos en forma de objetos JavaScript. A continuación, puedes hacer referencia a estos estilos en tus componentes utilisando la prop `style`.

## 5.2 Utilización de estilos externos

Para mantener sus estilos organizados, también puede crear archivos de estilo externos e importarlos a sus componentes.

```
// styles.js
import { StyleSheet } from 'react-native';

export const styles = StyleSheet.create({
  container: {
    flex: 1,
    justifyContent: 'center',
    alignItems: 'center',
    backgroundColor: '#f2f2f2',
  },
  text: {
    fontSize: 20,
    color: 'blue',
  },
});
```

```
// MyComponent.js
import React from 'react';
import { View, Text } from 'react-native';
import { styles } from './styles';

const MyComponent = () => {
  return (
    <View style={styles.container}>
      <Text style={styles.text}>¡Hola, React Native!</Text>
    </View>
  );
};

export default MyComponent;
```

## 5.3 Estilos condicionales

También puede aplicar estilos según algunas condiciones.

Por ejemplo, para condicionar el estilo en función de una variable `isActive`:

```
const MyComponent = ({ isActive }) => {
  return (
    <View style={[styles.container, isActive &&
styles.activeContainer]}>
      <Text style={styles.text}>¡Hola, React Native!</Text>
    </View>
  );
};

const styles = StyleSheet.create({
  container: {
    flex: 1,
    justifyContent: 'center',
    alignItems: 'center',
    backgroundColor: '#f2f2f2',
  },
  activeContainer: {
    backgroundColor: 'green',
  },
  text: {
    fontSize: 20,
    color: 'blue',
  },
});
```

Al añadir estilos a sus componentes React Native, puedes personalizar la apariencia de sus aplicaciones móviles para que se ajusten a sus necesidades y a su identidad visual.

## 5.4 Utilizar Tailwind

Si prefiere, puede integrar Tailwind en React Native. Aquí tiene los pasos para configurarlo:

- En primer lugar, instale el paquete `tailwind-rn`:

```
npm install tailwind-rn
```

- A continuación, escriba estos dos comandos:

```
npx tailwindcss init --full
npx tailwind-rn
```

El primer comando inicializa una configuración CSS completa de Tailwind. La opción `--full` crea un archivo tailwind.config.js con todos los estilos CSS predeterminados de Tailwind, en lugar de solo un esqueleto de configuración. Esto es útil, ya que `tailwind-rn` necesita esta configuración completa para traducir correctamente los estilos de Tailwind a estilos de React Native.

Una vez que tengas tu archivo de configuración tailwind.config.js, el segundo comando analiza esta configuración y genera el correspondiente archivo styles.json. El archivo styles.json contiene todos los estilos de Tailwind traducidos a un formato que React Native puede entender y utilizar. Este es el archivo que utilizará `tailwind-rn` cuando invoque la función `tailwind` en sus componentes.

Finalmente, con `tailwind-rn` instalado y su archivo styles.json generado, ahora puede aplicar estilos a sus componentes usando la función `tailwind`:

```
import tailwind from 'tailwind-rn';
// ...
<Vista style={tailwind('h-full justify-center items-center
bg-blue-500')}>
<Text style={tailwind('text-white font-bold text-xl')}>¡Hola,
Expo!</Text>
</View>
// ...
```

**Observación**

*Si decide cambiar la configuración de Tailwind (por ejemplo, añadiendo plug-ins, modificando temas o añadiendo variantes personalizadas), tendrás que regenerar el archivo styles.json para reflejar estos cambios. Para ello, ejecute de nuevo el comando* `npx tailwind-rn`.

En este capítulo, hemos descubierto Expo para crear nuestros primeros componentes React Native. En el próximo capítulo, iremos más lejos e implementaremos comportamientos más avanzados. Quizá merezca la pena echar un vistazo al sitio de Expo para hacerse una idea de la diversidad de servicios que ofrece.

# Capítulo 8
# Funciones avanzadas con React Native

## 1. Introducción

React Native ofrece acceso directo a las funcionalidades avanzadas de los dispositivos móviles, lo que se traduce en una experiencia de usuario notablemente mejorada. Estas funcionalidades incluyen técnicas como el uso de la geolocalización y el acceso a la cámara.

Además, una de las principales ventajas de estas funcionalidades avanzadas es su compatibilidad multiplataforma. Las funcionalidades desarrolladas para una plataforma, ya sea iOS o Android, a menudo pueden ser reutilizadas en la otra plataforma. Esto simplifica el desarrollo, reduce los costes y permite llegar a una audiencia más amplia, aunque à veces sea necesario adaptar ciertos desarrollos para adecuarlos a la plataforma de destino.

En esta sección, exploraremos una serie de ejemplos concretos de uso, como la geolocalización y el acceso a los contactos. También descubriremos cómo aprovechar la API context para ofrecer a los usuarios la opción de elegir entre un tema claro y uno oscuro.

## 2. Utilizar la geolocalización y acceder a los contactos

### 2.1 Utilizar la geolocalización

La geolocalización permite a su aplicación recuperar la posición GPS del dispositivo. Puedes utilizarla para mostrar información basada en la ubicación del usuario.

#### 2.1.1 Instalación del módulo de geolocalización

▶ Instale el módulo de geolocalización utilizando npm :

```
npx expo install expo-location
```

#### 2.1.2 Utilización de la geolocalización

En nuestro proyecto React Native con Expo, vimos en el capítulo anterior que es muy sencillo implementar el enrutamiento. Simplemente tenemos que crear un nuevo archivo en la carpeta /app.

Vamos a crear un nuevo archivo llamado location.js que será una nueva pantalla en la que simplemente mostraremos las coordenadas GPS del dispositivo:

```
// location.js
import React, { useState, useEffect } from 'react';
import { Text, View } from 'react-native';
import * as Location from 'expo-location';

export default function LocationPage() {
  const [location, setLocation] = useState(null);
  const [errorMsg, setErrorMsg] = useState(null);

  useEffect(() => {
    (async () => {
      let { status } = await
Location.requestForegroundPermissionsAsync();
      if (status !== 'granted') {
        setErrorMsg('Permission to access location was denied');
        return;
      }

      let location = await Location.getCurrentPositionAsync({});
```

```
        setLocation(location);
      })();
    }, []);

    let text = 'Cargando..';
    if (errorMsg) {
      text = errorMsg;
    } else if (location) {
      text = JSON.stringify(location);
    }

    return (
      <View>
        <Text>{text}</Text>
      </View>
    );
};
```

Echemos un vistazo a este componente. En primer lugar, se importan las dependencias necesarias. A continuación, utilizamos variables de estado locales con `useState`, en las que pronto almacenaremos las coordenadas GPS y cualquier mensaje de error.

Para recuperar la información requerida, basta con utilizar el método asíncrono `Location.requestForegroundPermissionsAsync()` proporcionado por `expo-location`.

Encontramos un `useEffect` con un array de dependencias vacío, lo que significa que el código que contiene se ejecutará sólo una vez cuando se ensamble el componente. Aquí es donde intentamos recuperar las coordenadas GPS. Si tenemos la autorización del usuario, la información se actualizará usando `setLocation`, en caso contrario se generará un mensaje de error usando `setErrorMsg`.

Para navegar a esta pantalla, también podemos añadir un botón en la página de inicio:

```
// index.js
<Link href='/about' asChild>
    <Button title='Navegar a Acerca de' />
</Link>
<Link href='/location' asChild>
    <Button title='Navegar a geolocalización' />
</Link>
```

Ahora tiene una pantalla que muestra las coordenadas GPS del dispositivo actual. Para ir más lejos, puede practicar añadiendo el estilo CSS que podría hacer estas páginas más interesantes, o mostrar un mapa en lugar de las coordenadas en forma de texto.

## 2.2 Acceso a los contactos

Es posible que su aplicación necesite acceder a los contactos del usuario para diversas funciones, como invitar a amigos o crear listas de contactos. Vamos a ver cómo acceder a los contactos con React Native.

**Observación**

*Podemos crear un nuevo proyecto para facilitar las cosas mientras exploramos la siguiente sección. También puede continuar en el proyecto que acabamos de crear y modificar los componentes si se siente cómodo. Como recordatorio, si quiere un nuevo proyecto, ejecuta:* `npx create-expo-app ReactNativeContacts`.

### 2.2.1 Instalación del módulo de contacto

Una vez más, Expo y su floreciente ecosistema van a ayudarnos. Hay un paquete fácil de usar para nuestras necesidades: `expo-contacts`.

▶ Instale el módulo de contacto utilizando npm :

```
npx expo install expo-contacts
```

También es posible que tenga que modificar el archivo app.json, en particular la sección de plug-in, de la siguiente manera:

```
"plugins": [
      [
        "expo-contacts",
        {
          "contactPermission": "Esta aplicación requiere su
permiso para acceder a los contactos."
        }
      ]
    ],
```

Si la configuración JSON no tiene una clave de `plug-ins`, puede crear una.

### 2.2.2 Utilizar el acceso a los contactos

Ahora vamos a modificar el archivo App.js para tener una pantalla con un botón que cargará la lista de contactos en el dispositivo. Por supuesto, el usuario debe estar de acuerdo con esto. Aquí está el código App.js:

```
import React, { useState, useEffect } from 'react';
import { StyleSheet, Text, View, FlatList, Button } from 'react-native';
import * as Contacts from 'expo-contacts';

export default function App() {
  const [contacts, setContacts] = useState([]);

  const loadContacts = async () => {
    const { status } = await Contacts.requestPermissionsAsync();
    if (status === 'granted') {
      const { data } = await Contacts.getContactsAsync({
        fields: [Contacts.Fields.Emails],
      });
      if (data.length > 0) {
        setContacts(data);
      }
    } else {
      alert('Acceso a contactos no autorizado');
    }
  };

  return (
    <View style={styles.container}>
      <Text style={styles.title}>Contacts</Text>
      <Button title="Load Contacts" onPress={loadContacts} />
      <FlatList
        data={contacts}
        keyExtractor={(item) => item.id.toString()}
        renderItem={({ item }) => <Text
style={styles.contact}>{item.name}</Text>}
      />
    </View>
  );
}

const styles = StyleSheet.create({
  container: {
    flex: 1,
    backgroundColor: '#fff',
    alignItems: 'center',
    justifyContent: 'center',
    paddingTop: 40,
```

```
  },
  title: {
    fontSize: 22,
    marginBottom: 20,
  },
  contact: {
    fontSize: 18,
    marginTop: 10,
    marginBottom: 10,
  },
});
```

Creamos una función asíncrona que se encargará de toda la lógica. En primer lugar, debemos verificar que tenemos la autorización adecuada para acceder a los contactos, y lo hacemos utilizando `Contacts.requestPermissionsAsync()`. Esta función devolverá el estado "granted " si el acceso está autorizado.

Si este es el caso, podemos utilizar `Contacts.getContactsAsync` para recuperar los datos. Como podemos ver, todo el trabajo lo hace `expo-contacts`, y el resto del código es React básico con un poco de estilo.

Estos ejemplos muestran cómo puede utilizar las funcionalidades avanzadas de geolocalización y de acceso a contactos en sus aplicaciones React Native. Por supuesto, es posible trabajar sin Expo, pero como hemos visto, el ecosistema es rico y está bien mantenido. Sin embargo, todavía hay casos avanzados en los que podría necesitar trabajar sin Expo.

## 3. Ejemplo: utilización de un tema claro u oscuro con la API de contexto

La posibilidad de cambiar entre un tema claro y uno oscuro se ha convertido en una característica esencial de las aplicaciones modernas. Puede implementar esta funcionalidad utilizando el contexto (Context API) de React. Este ejemplo nos mostrará que, incluso en el desarrollo móvil, tenemos todas las herramientas de React.js a nuestra disposición. Para este ejemplo, generamos un nuevo proyecto con el comando :

```
npx create-expo-app ThemeContextProjet
```

### Crear un Context para el tema

- Comience por crear un contexto para gestionar el estado del tema dentro de la aplicación. Este es el archivo ThemeContext.js:

```
import React, { createContext, useState } from 'react';

export const ThemeContext = createContext();

export const ThemeProvider = ({ children }) => {
  const [isDarkTheme, setIsDarkTheme] = useState(false);

  const toggleTheme = () => {
    setIsDarkTheme(!isDarkTheme);
  };

  return (
    <ThemeContext.Provider value={{ isDarkTheme, toggleTheme }}>
      {children}
    </ThemeContext.Provider>
  );
};
```

Volvemos a los conceptos de contexto y proveedor, ya vistos anteriormente.

▶ Ahora modifique el archivo App.js de la siguiente manera para utilizar el archivo:

```
import { ThemeProvider } from './ThemeContext';
import Main from './Main';

export default function App() {
  return (
   <ThemeProvider>
      <Main />
    </ThemeProvider>
  );
}
```

El componente `Main` aún no existe, pero vamos a crearlo directamente con el archivo Main.js:

```
import React, { useContext } from 'react';
import { View, Text, StyleSheet, Button } from 'react-native';
import { ThemeContext } from './ThemeContext';

export default function Main() {
  const { isDarkTheme, toggleTheme } = useContext(ThemeContext);

  const themeStyles = {
    backgroundColor: isDarkTheme ? '#333' : '#FFF',
    color: isDarkTheme ? '#FFF' : '#333',
  };

  return (
    <View style={[styles.container, themeStyles]}>
      <Text style={[styles.text, themeStyles]}>Esto es un texto
del tema {isDarkTheme ? 'oscuro' : 'claro'}.</Text>
      <Button title="Cambiar de Tema" onPress={toggleTheme} />
    </View>
  );
}

const styles = StyleSheet.create({
  container: {
    flex: 1,
    alignItems: 'center',
    justifyContent: 'center',
  },
```

```
  text: {
    fontSize: 20,
    marginBottom: 10,
  },
});
```

Aquí estamos utilizando esencialmente las herramientas proporcionadas por la API Context para compartir el tema en toda la aplicación. El botón en Main.js llama a `toggleTheme` para cambiar el tema. El componente se vuelve a mostrar cada vez que cambia el contexto, mostrando el tema claro u oscuro.

Mediante la API Context, puede crear un sistema de temas claros/oscuros que se aplique a toda su aplicación React Native. Esto permite a tus usuarios personalizar el aspecto de la aplicación según sus preferencias. Sobre todo, nos muestra aquí que todo lo que ha aprendido sobre React le será útil en el contexto del desarrollo con React Native.

## 4. Conclusión

En este capítulo, hemos explorado una serie de funciones avanzadas que ofrece React Native y, en particular, Expo, que permiten crear aplicaciones móviles enriquecidas.

Analizamos en detalle el uso de funciones como la geolocalización y el acceso a contactos, que permiten personalizar la experiencia del usuario. También implementamos un tema claro/oscuro utilizando la API Context, que ofrece a los usuarios la posibilidad de personalizar el aspecto de la aplicación según sus preferencias individuales.

A través de esta exploración, ha desarrollado una comprensión del poder inherente de React Native para el desarrollo de aplicaciones móviles modernas. Profundizar sus habilidades en React Native le dará una gama más amplia de habilidades, con el mínimo esfuerzo.

Para saber más, le recomendamos familiarizarse con Expo si el tema le interesa. La documentación cubre muchos más casos de uso.

# Capítulo 9
# Next.js, el framework React por Vercel

## 1. Introducción

Next.js es un framework de desarrollo web para React, creado por la empresa Vercel. Ha crecido en popularidad y se ha convertido en la opción preferida para crear aplicaciones web modernas y optimizadas. Incluso se menciona en la documentación oficial de React.

### 1.1 ¿Por qué Next.js?

Este framework fue diseñado para resolver algunos de los desafíos comunes asociados con el desarrollo de aplicaciones web con React. Aquí analizamos algunas de las razones por las que Next.js se ha hecho tan popular.

#### 1.1.1 Renderizado del lado del servidor (SSR) y generación de sitios estáticos (SSG)

Next.js soporta el renderizado del lado del servidor (*Server-Side Rendering* o SSR) así como la generación de sitios estáticos (*Static Site Generation* o SSG). Esto significa que las páginas pueden generarse del lado del servidor antes de ser enviadas al navegador. Las páginas se muestran más rápidamente y también están mejor optimizadas para los motores de búsqueda.

Para entender completamente SSR, es esencial considerarlo junto con el clásico *Client-Side Rendering* (CSR) utilizado con React en todos nuestros ejemplos anteriores.

En CSR, cuando se solicita una página web, el servidor envía un archivo HTML mínimo con enlaces a scripts JavaScript. A continuación, el navegador ejecuta estos scripts, que renderizan el contenido de la página. El principal inconveniente es que el contenido puede no ser visible inmediatamente, ya que depende de la ejecución de JavaScript. Esto también puede afectar a la referenciación natural, ya que los motores de búsqueda pueden tener dificultades para indexar contenidos generados por JavaScript.

### 1.1.2 Enrutamiento sencillo e intuitivo

El sistema de enrutamiento está integrado, lo que facilita la creación de rutas para las distintas páginas de su aplicación. También se admite el enrutamiento dinámico para rutas con parámetros variables.

### 1.1.3 Precarga de páginas

Next.js dispone de precarga inteligente de páginas. Cuando un usuario encuentra un enlace, Next.js puede precargar la página correspondiente, mejorando la velocidad de navegación.

### 1.1.4 Optimización de imágenes

Next.js propone una optimización automática de imágenes para reducir el tamaño de los archivos y mejorar el rendimiento. También admite la conversión de imágenes a formatos modernos como WebP.

### 1.1.5 Compatibilidad con CSS-in-JS y SCSS

Next.js soporta una gran variedad de estilos, incluido CSS-in-JS con bibliotecas populares como Styled Components y Emotion. También ofrece una fácil integración con archivos SCSS (SASS).

## 2. Creación de un sitio con Next.js

Crear un sitio con Next.js es rápido y sencillo, gracias a su estructura de proyectos bien organizada y a sus funciones integradas.

### 2.1 Creación de un proyecto Next.js

Para crear un proyecto Next.js, abre su terminal y ejecute el siguiente comando:

```
npx create-next-app@latest
```

A continuación, la herramienta de creación formula una serie de preguntas:

```
What is your project named? my-app
Would you like to use TypeScript? No / Yes
Would you like to use ESLint? No / Yes
Would you like to use Tailwind CSS? No / Yes
Would you like to use `src/` directory? No / Yes
Would you like to use App Router? (recommended) No / Yes
Would you like to customize the default import alias? No / Yes
What import alias would you like configured? @/*
```

Ya hemos hablado de ESLint y Tailwind, así que podemos responder favorablemente a la propuesta de la herramienta en estos dos puntos. Next.js ahora recomienda usar el App Router, por el momento rechaza esta propuesta.

A continuación, puede ejecutar el siguiente comando para iniciar el proyecto. Será accesible en http://localhost:3000.

```
npm run dev
```

Si todo va bien, debería aparecer la página de inicio de Next.js.

La estructura de su proyecto Next.js se organizará de forma intuitiva. La carpeta pages es una de las más importantes, ya que contiene archivos para cada página de tu sitio. Por ejemplo, index.js es la página de inicio, about.js la página **acerca de**, y así sucesivamente.

## 2.2 Creación de páginas

Puede utilizar el JSX para construir el contenido de cada página. Añadir una página al sitio implica crear un archivo en la carpeta pages.

```
// pages/index.js
import React from 'react';

const Home = () => {
  return (
    <div>
      <h1>Inicio</h1>
      <p>¡Bienvenido a nuestra web Next.js!</p>
    </div>
  );
};

export default Home;
```

```
// pages/about.js
import React from 'react';

const About = () => {
  return (
    <div>
      <h1>Nosotros</h1>
      <p>¡Bienvenido a la página Acerca de!</p>
    </div>
  );
};

export default About;
```

Ahora tiene una nueva página accesible a través de http://localhost:3000/about.

## 2.3 Iniciar la aplicación

Como se mencionó anteriormente, para iniciar su sitio Next.js en modo de desarrollo, ejecute el siguiente comando:

```
npm run dev
```

Esto iniciará el servidor de desarrollo y podrá acceder a su sitio en http://localhost:3000.

Al crear un sitio con Next.js, se beneficia de las ventajas de la precarga del lado del servidor y de muchas otras funcionalidades avanzadas. Ahora puede seguir desarrollando y personalizando su sitio utilizando las funciones que se ofrecen.

# 3. Navegación entre las páginas

La navegación entre páginas es una parte esencial del desarrollo web. En Next.js, la navegación es sencilla e intuitiva gracias al soporte de enrutamiento integrado.

## 3.1 Utilización del componente Link

Next.js proporciona el componente `Link`, que crea enlaces entre páginas de forma optimizada para el pre-renderizado del lado del servidor.

He aquí cómo acceder a la página **Acerca de** con un enlace desde la página de inicio:

```
import Link from 'next/link';

const Home = () => {
  return (
    <div>
      <h1>Accueil</h1>
      <Link href="/about">
        <a>Nosotros</a>
      </Link>
    </div>
```

```
  );
};

export default Home;
```

Al hacer clic en el enlace, Next.js cargará la parte de nuestra página web correspondiente al componente `about.js` sin actualizar la página completa.

## 3.2 Ruta dinámica

Next.js admite el enrutamiento dinámico, lo que significa que puede crear rutas con parámetros variables.

Por ejemplo, si tiene una página para mostrar los detalles de un artículo, puede crear una ruta dinámica como ésta:

```
// pages/articles/[id].js

import { useRouter } from 'next/router';

const ArticleDetail = () => {
  const router = useRouter();
  const { id } = router.query;

  return (
    <div>
      <h1>Detalles del artículo {id}</h1>
    </div>
  );
};

export default ArticleDetail;
```

Con esta configuración, la URL /articles/123 mostrará los detalles del artículo con ID 123.

## 3.3 Navegación con useRouter

El hook `useRouter` de Next.js le da acceso al objeto `router` y a sus propiedades, como la ruta actual y los parámetros de la solicitud.

```
import { useRouter } from 'next/router';

const About = () => {
  const router = useRouter();

  return (
    <div>
      <h1>Nosotros</h1>
      <p>Ruta actual: {router.pathname}</p>
    </div>
  );
};

export default About;
```

## 3.4 Navegación programada

También puede navegar entre páginas mediante programación utilizando los métodos `push`, `replace` y `back` proporcionados por el objeto `router`.

```
import { useRouter } from 'next/router';

const Home = () => {
  const router = useRouter();

  const handleNavigate = () => {
    router.push('/about');
  };

  return (
    <div>
      <h1>Inicio</h1>
      <button onClick={handleNavigate}> Ir a la página Nosotros</button>
    </div>
  );
};

export default Home;
```

La navegación entre páginas en Next.js es fluida y fácil de implementar gracias a los componentes `Link`, las rutas dinámicas y el hook `useRouter`. Para tu información, también existe un Higher-Order Component (HOC) `withRouter`, pero es preferible utilizar el hook `useRouter` siempre que sea posible.

# 4. Gestión de assets

## 4.1 Archivos públicos

Next.js tiene una carpeta especial llamada public donde puedes colocar assets estáticos como imágenes, archivos CSS y archivos JavaScript. Estos archivos también pueden almacenarse en caché utilizando una CDN para optimizar la accesibilidad a estos recursos. También es el lugar ideal para colocar tus archivos de tipo robots.txt o el favicon de tu sitio.

Coloque sus assets en la carpeta pública de la siguiente manera:

```
my-next-site/
└── public/
    ├── images/
    │   ├── logo.png
```

Para hacer referencia a estos assets en sus componentes, utilice el prefijo / seguido de la ruta relativa desde la carpeta pública.

Por ejemplo:

```
// En un componente
import React from 'react';

const MyComponent = () => {
  return (
    <div>
      <img src="/images/logo.png" alt="Logo" />
    </div>
  );
};

export default MyComponent;
```

## 4.2 Carga de imágenes

A diferencia de la etiqueta <img> estándar con la que quizá ya esté familiarizado, el componente Image de Next.js está diseñado para ofrecer optimizaciones automáticas. Sus superpoderes incluyen:

- Optimización automática: sin sacrificar la calidad, reduce el tamaño de las imágenes.
- Carga diferida: espera a que la imagen sea casi visible en la pantalla antes de cargarla, lo que mejora el rendimiento inicial.
- Adaptabilidad: se ajusta de forma inteligente según el dispositivo, lo que significa que los dispositivos con pantallas más pequeñas reciben imágenes más pequeñas.
- Formatos modernos: convierte imágenes al formato WebP, un formato que suele ser más ligero que JPEG o PNG.

He aquí un ejemplo sencillo:

```
import Image from 'next/image'
import myImage from '/path/to/your/image.jpg'

function GalleryItem() {
    return (
        <div>
            <Image
                src={myImage}
                alt="Un texto alternativo descriptivo"
            />
        </div>
    )
}
```

Al importar una imagen como módulo (como en el ejemplo anterior), Next.js deducirá automáticamente la anchura (*width*) y la altura de la imagen (*height*). Estas dimensiones se utilizan para evitar el *Cumulative Layout Shift* (CLS) durante la carga de imágenes.

**Observación**

*Cumulative Layout Shift (CLS) es una de las métricas de Web Vital introducidas por Google para medir la experiencia del usuario en la web. Se centra en la estabilidad visual de la página. CLS mide los cambios inesperados en la posición del contenido visible en la pantalla. En otras palabras, si los elementos de la página se mueven inesperadamente, ya sea durante la carga o como resultado de actualizaciones posteriores, esto puede causar un CLS muy alto.*

Si utiliza una URL o una ruta sin importar la imagen, tendrás que especificar las dimensiones (anchura y altura) manualmente. Además, en el caso de las URL remotas, asegúrese de autorizar los dominios correspondientes en su archivo next.config.js.

## 5. Utilizar SWR, el equivalente de React Query

SWR (*Stale-While-Revalidate*) es una biblioteca para la gestión eficiente de datos en aplicaciones React utilizando la estrategia de caché Stale-While-Revalidate.

### 5.1 Instalación de SWR

Para empezar a utilizar SWR en su proyecto Next.js, debe instalar la biblioteca asociada.

▶ Utilice el siguiente comando:

```
npm i swr
```

## 5.2 Utilización de SWR

El funcionamiento de SWR se basa en hooks de React, lo que hace que su uso sea intuitivo y familiar.

A continuación, se explica cómo utilizar SWR para gestionar los datos de los componentes Next.js:

```
import useSWR from 'swr';

const MyComponent = () => {
  // Utilización de SWR para recuperar los datos
  const { data, error, isLoading } = useSWR('/api/data', fetch);

  if (error) return <p> Error de carga de datos.</p>;
  if (isLoading) return <p> Carga en curso...</p>;

  return (
    <div>
      <h1>Datos de API</h1>
      <pre>{JSON.stringify(data, null, 2)}</pre>:
    </div>
  );
};

export default MyComponent;
```

En el ejemplo anterior, `useSWR` toma dos argumentos principales, la clave de consulta y una función de búsqueda (fetcher, denominada `fetch` en el código anterior).

El fetcher es una función que toma esta clave como argumento y devuelve una promesa que resuelve con los datos buscados. La biblioteca Fetch de React Native se utiliza a menudo como función de búsqueda.

SWR proporciona indicadores que especifican el estado de la solicitud, lo que nos permite, por ejemplo, mostrar un mensaje de carga cuando `isLoading` es `true`.

## 5.3 Opciones de configuración avanzadas

SWR ofrece opciones de configuración avanzadas para ajustar su comportamiento a las necesidades de su aplicación. Puede especificar intervalos de actualización, desactivar la caché, definir condiciones para activar las actualizaciones, etc.

```
const { data, error } = useSWR('/api/data', fetch, {
 refreshInterval: 5000, // Actualiza cada 5 segundos
 revalidateOnFocus: false, // Desactiva la revalidación cuando se
pone
en primer plano
});
```

Por defecto, cuando el usuario vuelve a una ventana o pestaña del navegador que utiliza SWR, la biblioteca revalida automáticamente los datos para asegurarse de que están actualizados. Esta funcionalidad se controla mediante la opción `revalidateOnFocus`.

El componente `SWRConfig` es útil si desea definir configuraciones globales para SWR. Al envolver parte (o en su totalidad) en la arborescencia de componentes con `SWRConfig`, puede proporcionar ajustes de configuración predeterminados que se aplicarán a todos los usos de `useSWR` en los componentes hijos.

```
import { SWRConfig } from 'swr';

function App() {
  return (
    <SWRConfig
      value={{
        fetcher: ...,
        revalidateOnFocus: true,
        refreshInterval: 0
      }}>
      <YourComponent />
    </SWRConfig>
  );
}
```

# 6. Renderizado del lado del servidor y generación de sitios estáticos

## 6.1 Renderizado del lado del servidor (SSR)

La renderización del lado del servidor permite generar el contenido de la página en el servidor antes de enviarlo al navegador. Esto mejora la referenciación, la accesibilidad y el rendimiento de la aplicación.

Para habilitar el renderizado del lado del servidor, usted puede utilizar la función asíncrona `getServerSideProps` en sus páginas. Este método devuelve los datos necesarios para generar la página en el servidor.

```
// pages/article/[id].js
import { useRouter } from 'next/router';

const ArticleDetail = ({ article }) => {
  return (
    <div>
      <h1>{article.title}</h1>
      <p>{article.content}</p>
    </div>
  );
};

export async function getServerSideProps(context) {
  const { id } = context.query;
  const res = await fetch(`https://api.example.com/article/${id}`);
  const article = await res.json();

  return {
    props: {
      article,
    },
  };
}

export default ArticleDetail;
```

## 6.2 Generación de sitios estáticos (SSG)

La generación de sitios estáticos permite pre-renderizar las páginas de antemano, lo que mejora considerablemente el rendimiento al servir páginas estáticas a los usuarios. Esto es especialmente útil para páginas que no cambian con frecuencia.

Para utilizar la generación de sitios estáticos, puede utilizar el método `getStaticProps` en sus páginas. Este método determina los datos a pre-renderizar para cada página.

```
// pages/index.js
const Home = ({ articles }) => {
  return (
    <div>
      <h1>Articles</h1>
      <ul>
        {articles.map((article) => (
          <li key={article.id}>{article.title}</li>
        ))}
      </ul>
    </div>
  );
};

export async function getStaticProps() {
  const res = await fetch('https://api.example.com/articles');
  const articles = await res.json();

  return {
    props: {
      articles,
    },
  };
}

export default Home;
```

Como podemos ver, la función `getStaticProps` es similar a la función `getServerSideProps`. Sin embargo, esta última, a diferencia de `getStaticProps`, es ejecutada en cada solicitud en el momento de montaje (o construcción) de nuestra página web.

## 6.3 Actualización automática (ISR)

Con la generación de sitios estáticos, Next.js también ofrece actualización automática (*Incremental Static Regeneration* o ISR). Esto permite definir un intervalo de tiempo tras el cual se regenera una página estática, lo que garantiza que el contenido permanezca actualizado.

```
// pages/article/[id].js
export async function getStaticProps(context) {
  const { id } = context.params;
  const res = await fetch(`https://api.example.com/article/
${id}`);
  const article = await res.json();

  return {
    props: {
      article,
    },
    revalidate: 3600, // Regenera la página cada hora
  };
}
```

Al utilizar la renderización del lado del servidor y la generación de sitios estáticos, puede mejorar el rendimiento de su aplicación proporcionando contenidos pre-renderizados y optimizados. Esto garantiza que los motores de búsqueda tengan más en cuenta su contenido.

# 7. Presentación de React Server Components (RSC)

Los componentes de React, o RSC (*React Server Components*), representan una evolución significativa en la manera en que construimos aplicaciones React, aportando una serie de beneficios potenciales, así como desafíos.

El objetivo es reducir la cantidad de información que pasa por la red, simplemente reduciendo el tamaño de la respuesta del servidor. El servidor sólo envía lo mínimo imprescindible.

**Observación**

*Las RSC aún no se consideran una API React estable que pueda utilizarse en producción. El tiempo dirá si algún día llegarán a serlo. Sin embargo, Next.js ofrece utilizarlas en su última versión estable: 13.5.*

Tomemos un ejemplo sencillo de un componente del lado del servidor para ilustrar este punto:

```
// app.js
import { format } from 'date-fns'

export const App = ({user}) => {
    const birthday = format(user.birthday)

  return (
          <div>
                 <p>{user.name}</p>
                 <p>{`Fecha de aniversario: ${ birthday }`}</p>
          </div>
    )
}
```

Se parece a cualquier componente que hayamos visto hasta ahora, pero es un componente de servidor. Esto significa que el servidor sólo nos enviará el mínimo necesario. El paquete `date-fns` representa cierto peso y podría aumentar la cargade respuesta del servidor. Con un componente de servidor, no hay necesidad de enviar todo este código JS al cliente, el servidor tendrá una versión del paquete `date-fns` y lo utilizará para formatear la fecha y devolver sólo código HTML.

## Next.js y RSC

La industria informática ha sido testigo de ciclos repetitivos de centralización y descentralización de los cálculos entre servidor y cliente. Esta tendencia puede observarse incluso en la evolución de los marcos web, donde hemos pasado de marcos centrados en el servidor a soluciones que combinan JavaScript y HTML generado en el lado del servidor, introduciendo a veces complejidad y limitaciones adicionales.

En este contexto, el equipo detrás de React busca reequilibrar esta dinámica transfiriendo parte del renderizado al lado del servidor, lo que requiere una estrecha colaboración con Next.js.

Los desarrolladores que utilizan Next.js pueden elegir entre varios métodos de renderizado, o combinarlos para optimizar la velocidad, el referenciado natural y la experiencia del usuario. Es importante elegir el tipo de renderizado adecuado en función de los objetivos específicos de las distintas partes de una página.

Ahora, además de todo esto, Next.js propone cada vez más el uso de RSC, y esta decisión está generando mucho entusiasmo, pero también algunas críticas.

# Capítulo 10
# Introducción a Storybook

## 1. Descubrimiento e instalación

Muy utilizado en empresas que disponen de un *design system*, Storybook es una herramienta que ha experimentado un fuerte crecimiento en los últimos años. No vamos a desarrollar un design system completo, ya que sería un proceso largo. Sin embargo, veremos cómo iniciar un proyecto con Storybook y crear un componente inicial. Lo ideal sería ampliar después el número de componentes, establecer reglas para su uso y trabajar en otros aspectos.

### 1.1 ¿Qué es un Storybook?

Storybook es una plataforma de desarrollo para crear, visualizar, documentar y probar componentes de interfaz de usuario de forma independiente. Crea un entorno aislado para cada componente, lo que permite desarrollarlos y probarlos uno a uno de forma interactiva y visual.

## 1.2 Instalación de Storybook

Para instalar Storybook, primero necesitamos crear un proyecto. La forma más fácil de hacerlo es utilizar Vite y escribir el siguiente comando en un terminal:

```
npm create vite@latest
```

▶ Introduzca un nombre de proyecto, elija React y, a continuación, JavaScript en las siguientes preguntas.

**Observación**

*Estas instrucciones han sido probadas para la versión 4.4.9 de Vite.js.*

Ahora puede entrar en el directorio e iniciar Storybook con el siguiente comando:

```
npx sb init
```

▶ Siga las instrucciones para configurar Storybook para su proyecto.

Una vez completada la instalación, tendrás una nueva carpeta llamada .storybook y una carpeta llamada stories con ejemplos que te ayudarán a empezar. Tu página de inicio de Storybook debería aparecer y darte una visión general de las características. Tómate tu tiempo para descubrir la interfaz.

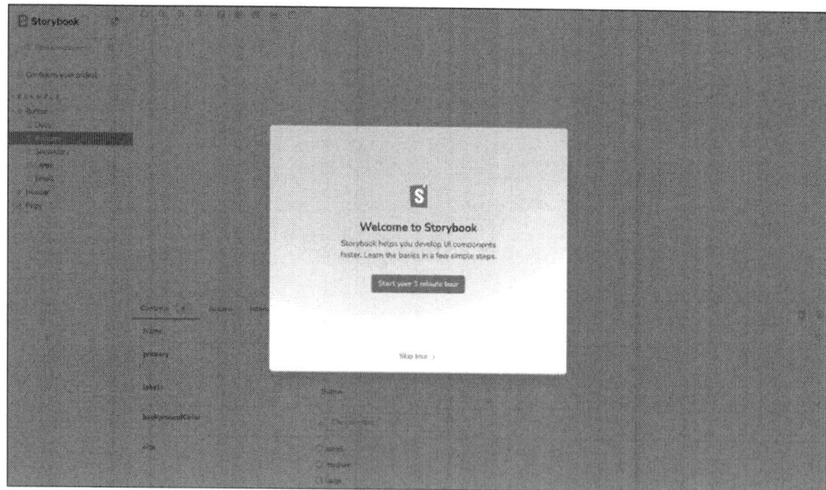

## 1.3 Crear historias (stories)

En Storybook, una *historia (story)* es una representación interactiva de un componente. Cada historia representa un estado o variante del componente que desea documentar y probar. Puede crear historias utilizando el lenguaje de marcado específico de Storybook. Eche un vistazo al código generado por Storybook como ejemplo:

```
// src/stories/Button.stories.js
import React from 'react';
import { Button } from './Button'; // Importa tu componente

export default {
  title: 'Example/Button', // Título del story
  component: Button,
};

// Story para el componente botón con diferentes variantes
export const Primary = {
  args: {
    primary: true,
    label: 'Button',
  },
};

export const Secondary = {
  args: {
    label: 'Button',
  },
};
```

## 1.4 Lanzamiento de Storybook

Una vez que haya creado sus historias (stories), puede iniciar la interfaz de Storybook para ver sus componentes. De hecho, Storybook ha modificado el archivo package.json para añadir un nuevo script.

▶ Ejecute el siguiente comando en el terminal:

```
npm run storybook
```

Esto iniciará la interfaz Storybook en su navegador, donde podrá ver, interactuar y probar sus componentes en diferentes variantes.

### 1.5 Qué ofrece Storybook

Utilizar Storybook tiene varias ventajas. Cada componente se prueba y visualiza de forma independiente, lo que permite detectar problemas rápidamente.

Las historias sirven como documentación interactiva para sus componentes. Si colabora con otros equipos que utilizan sus componentes, puedes ofrecer una experiencia completa con todas las variantes y renderización en directo cuando cambien los props.

Una comunidad activa crea constantemente plug-ins y add-ons que pueden utilizarse para ampliar la funcionalidad de Storybook y facilitar el proceso de desarrollo.

## 2. Creación de un componente

En esta sección, veremos cómo crear un componente en Storybook.

### 2.1 Creación de un componente

Para crear un componente en Storybook, cree una carpeta para sus componentes (por ejemplo, src/components). Dentro de la carpeta components, cree un nuevo archivo para su componente (por ejemplo, Title.js). Finalmente, implemente su componente en el archivo.

He aquí un ejemplo de componente:

```
// src/components/Title.js
import React from 'react';

const Title = ({ children, variant }) => {
  const classNames = `title ${variant}`;

  return (
    <h1 className={classNames}>
```

```
      {children}
    </h1>
  );
};

export default Title;
```

- En la misma carpeta, cree un archivo para las stories de su componente (por ejemplo, Title.stories.js).
- Implemente una o más stories para su componente en el archivo de stories.

El componente `título` podría tener un estilo `primary` y un estilo `secundary` que lo mostrarían de una forma u otra. Pasando cualquiera de estos valores como prop del componente se obtendrá una visualización diferente.

```
// src/components/Title.stories.js
import React from 'react';
import { action } from '@storybook/addon-actions';
import Title from './Title';

export default {
  title: 'Components/Title, // Título de la categoría de componentes
  component: Title,
};

export const Primary = () => (
  <Title variant="primary">
    Primary Title
  </Title>
);

export const Secondary = () => (
  <Title variant="secondary">
    Secondary Title
  </Title>
);
```

## 2.2 Visualización y comprobación del componente

Una vez que haya creado su componente y sus stories, usted puede ver y probar el componente en la interfaz Storybook. Para ello, ejecute el siguiente comando en el terminal:

```
npm run storybook
```

Se abrirá la interfaz de Storybook en su navegador. A continuación, podrá ver e interactuar con las distintas variantes de su componente de botón, así como consultar la documentación generada automáticamente.

## 2.3 La utilidad de crear componentes en Storybook

Cada componente desarrollado con Storybook aporta una serie de ventajas que mejoran tanto la calidad como la eficacia del desarrollo. Veamos más de cerca cómo estos elementos contribuyen a que el proceso no solo sea más fluido, sino también más coherente y fiable.

- Aislamiento y visualización: puede visualizar cada componente de forma independiente, lo que facilita la identificación y resolución de problemas.
- Reutilización: los componentes creados en Storybook pueden reutilizarse en distintas partes de la aplicación.
- Documentación automática: las historias sirven de documentación interactiva para sus componentes, facilitando su uso a otros desarrolladores.
- Pruebas visuales: puede probar sus componentes en diferentes estados y variantes, lo que le permite detectar rápidamente los problemas de la interfaz de usuario.

Al crear componentes en Storybook, puede desarrollar y documentar eficazmente su sistema de diseño, al tiempo que garantiza la coherencia y la reutilización de los componentes de la interfaz de usuario.

## 3. Utilizar stories

### 3.1 Visualizar y poner a prueba la story

Una vez que haya creado una o más stories para su componente, puede verlas en la interfaz del Storybook ejecutando el siguiente comando en el terminal:

```
npm run storybook
```

Esto iniciará la interfaz Storybook en su navegador, donde podrá ver e interactuar con los diferentes estados y variantes de su componente, así como consultar la documentación generada automáticamente.

### 3.2 Ventajas de crear stories

En un contexto de desarrollo ágil, Storybook está demostrando ser un activo inestimable para la creación de componentes React.

Es una herramienta que favorece un enfoque modular, lo que permite examinar y perfeccionar cada componente por separado para facilitar la depuración y el diseño.

También sirve como plataforma de documentación interactiva, lo que simplifica considerablemente el intercambio de información entre desarrolladores y acelera el proceso de colaboración.

Por último, Storybook ofrece sólidas funciones de pruebas visuales, que ayudan a identificar rápidamente los problemas de la interfaz de usuario antes de que se conviertan en obstáculos importantes.

Al integrar Storybook en su proceso de desarrollo, no sólo facilita la creación de componentes React, sino que también contribuye a aumentar la calidad y la eficiencia de sus design systems.

## 4. Utilización de add-ons

Los add-ons son módulos complementarios que añaden una funcionalidad a Storybook. Permiten enriquecer la experiencia de desarrollo de la interfaz de usuario con herramientas, funciones e integraciones.

### 4.1 Instalación de add-ons

Para utilizar complementos en Storybook, debe instalarlos y configurarlos en su proyecto. Algunos ya están preinstalados con Storybook, a menudo los más populares.

- Abra el terminal y navegue hasta el directorio de su proyecto. Utilice el siguiente comando para instalar un add-on específico.

Por ejemplo, para instalar el add-on de visualización de notas sobre la documentación, puede ejecutar:

```
npm install @storybook/addon-notes --save-dev
```

- Una vez instalado el add-on, añádalo a la configuración de Storybook en el archivo .storybook/main.js:

```
module.exports = {
  addons: [
    '@storybook/addon-notes/register', // Añade aquí el
nombre del add-on
    // Otros add-ons
  ],
};
```

El archivo main.js es el conductor de tu proyecto Storybook. Situado en la carpeta .storybook en la raíz de su proyecto, le permite controlar varios aspectos de su entorno.

## 4.2 Utilización de add-ons

Una vez los add-ons instalados y configurados los complementos, puede utilizarlos en sus stories para enriquecer la experiencia de desarrollo. Por ejemplo, vamos a utilizar el addon `addon-notes` para añadir notas de documentación a nuestras stories:

```
// Button.stories.js
export const Primary = () => (
  <Button variant="primary" onClick={action('clicked')}>
    Primary Button
  </Button>
);
Primary.parameters = {
  notes: 'Esta nota explica el componente principal del botón.',
};
```

Cuando visualicé la story en la interfaz del Storybook, verá la pestaña **Notas**, que muestra la nota que ha añadido.

## 4.3 Lo que ofrece el uso de add-ons

Los add-ons de Storybook se utilizan para ampliar la funcionalidad básica, añadiendo herramientas e integraciones útiles a su entorno de desarrollo. Pueden mejorar significativamente la documentación de los componentes integrando elementos como notas explicativas, capturas de pantalla y ejemplos de código, haciendo que la documentación sea más interactiva y completa.

Además de mejorar la documentación, los add-ons facilitan la realización de pruebas visuales más avanzadas, ayudando a evaluar y mejorar la naturaleza responsiva y la accesibilidad de sus componentes. También ofrecen opciones de personalización, lo que le permite ajustar el aspecto y la funcionalidad de Storybook a sus necesidades específicas.

En general, los add-ons son una forma eficaz de mejorar y personalizar tu experiencia con Storybook, haciendo que el proceso de desarrollo sea más fluido y se adapte mejor a tus necesidades.

## 5. Conclusión

Aunque no forma parte de React, Storybook ayuda a muchas empresas a desarrollar y mantener un design system. Por lo tanto, era importante mencionar esta herramienta.

Aquí tiene algunos puntos importantes que debes recordar si quiere ir más allá. La documentación y la comunidad de Storybook le ayudarán.

Storybook se presenta a menudo como una plataforma eficaz para diseñar, visualizar, probar y documentar elementos de la interfaz de usuario.

Las stories ilustran distintas variaciones y estados de un componente, lo que facilita las pruebas visuales y la documentación.

Por último, los add-ons completan la experiencia de desarrollo, introduciendo funciones adicionales, como la documentación enriquecida, pruebas de accesibilidad y mucho más. Los add-ons más importantes, que cubren la mayoría de las necesidades, están preinstalados.

# Capítulo 11
# Conectar React a una API GraphQL

## 1. Introducción a GraphQL y primeras consultas

### 1.1 ¿Qué es GraphQL?

Históricamente, el modelo REST dominaba el panorama, en el que cada entidad de datos está asociada a una URL específica. Cada vez que se realiza una solicitud, la API devuelve todos los datos vinculados a esa entidad. Aunque este mecanismo parece sencillo e intuitivo, tiene dos grandes inconvenientes:

- Si se necesitan varias entidades al mismo tiempo, hay que ejecutar varias consultas, que pueden no proporcionar todos los datos necesarios.
- En situaciones en las que sólo se necesita una fracción de una entidad, se produce una sobreextracción que malgasta los recursos y ancho de banda.

Aquí es donde interviene GraphQL. Diseñado para resolver estos problemas, GraphQL no es un «lenguaje» en sentido estricto, sino una especificación para construir y consumir una API.

En GraphQL, el desarrollador back-end establece un esquema que describe la estructura y los tipos de datos disponibles. Esto da al desarrollador front-end el poder de solicitar exactamente lo que quiere, ni más ni menos.

En lugar de múltiples URL como con REST, una API GraphQL ofrece un único punto de entrada. Los datos se consultan utilizando una sintaxis que refleja la estructura del retorno esperado en formato JSON.

Además de las consultas para leer datos, GraphQL también puede utilizarse para modificarlos mediante lo que se conoce como mutaciones.

## 1.2 Primeras consultas GraphQL con React

▶ En primer lugar, inicie un nuevo proyecto React con Vite.

Para conectar React a una API GraphQL, necesitará una biblioteca como Apollo Client, que facilitará la integración. También necesitará instalar GraphQL en el directorio:

```
npm install @apollo/client graphql
```

▶ Abra el archivo main.jsx en el que vamos a configurar Apollo Client. Importa los módulos necesarios:

```
import { ApolloClient, InMemoryCache, ApolloProvider }
from '@apollo/client';
```

▶ A continuación, configura Apollo Client creando una instancia con la URL de tu API GraphQL:

```
const client = new ApolloClient({
  uri: 'https://flyby-router-demo.herokuapp.com/',
  cache: new InMemoryCache(),
});
```

El parámetro `uri` corresponde a nuestro punto de entrada a una API GraphQL y `cache` es una instancia de `InMemoryCache` utilizada para almacenar en caché las respuestas del servidor.

**Observación**

*Aquí estamos utilizando una API GraphQL generosamente proporcionada por Apollo Client. Si esta API desaparece, basta con sustituir el parámetro `uri` por otro endpoint GraphQL. Estos se pueden encontrar de forma gratuita y puedes probar y manipular esta API GraphQL, que contiene todos los datos de Star Wars: https://swapi-graphql.netlify.app/.netlify/functions/index. Si* *sigue los ejemplos de código, tendrá que adaptar las consultas, pero puede ser un ejercicio excelente.*

Como ocurre con muchas bibliotecas, para estar disponible en cualquier parte de nuestra aplicación, el cliente Apollo tiene un proveedor basado en la API React Context. Una vez añadido el proveedor, el código en main.jsx debería tener este aspecto:

```
// Las distintas importaciones...


// El cliente Apollo
const client = new ApolloClient({
  uri: 'https://swapi-graphql.netlify.app/.netlify/functions/index',
  cache: new InMemoryCache(),
});

ReactDOM.createRoot(document.getElementById('root')).render(
  <React.StrictMode>
    // Le provider
    <ApolloProvider client={client}>
      <App />
    </ApolloProvider>
  </React.StrictMode>,
)
```

En resumen, instalamos `@apollo/client` y `graphql`, configuramos nuestro cliente con la URI de nuestra API GraphQL y la pasamos a toda nuestra aplicación usando el `<ApolloProvider>`.

Esta última etapa nos permite utilizar un hook proporcionado por Apollo Client, `useQuery`. Desde cualquier componente hijo, es posible recuperar datos del servidor. En primer lugar, es necesario definir una solicitud en el siguiente formato:

```
const GET_LOCATIONS = gql`
  query GetLocations {
    locations {
      id
      name
      description
      photo
    }
  }
```

```
`;
```

La solicitud comienza con gql, un *template literal tag* en JavaScript, a menudo utilizada en combinación con bibliotecas GraphQL. Su función principal es convertir las cadenas de consulta GraphQL (escritas como cadenas de caracteres en JavaScript) en una representación estructural que puedan utilizar estas bibliotecas para ejecutar las consultas.

Veamos los siguientes elementos:

- `query`: es el tipo de operación que se realiza. En GraphQL, puedes tener operaciones de `query` (para recuperar datos) y de operaciones de `mutation` (para modificar datos). Aquí, es claramente una consulta para recuperar datos.
- `GetLocations`: este es el nombre que le da a su consulta. Es opcional, pero es una buena práctica, ya que puede ayudar a identificar la solicitud en sus herramientas o registros.
- `locations`: este es el principal campo consultado. Esto supone que hay un tipo en el esquema GraphQL que tiene un campo de `locations`.
- `id`, `name`, `description`, `photo`: son los subcampos de `locations` que queremos recuperar. Para cada ubicación de la lista devuelta por la API, se devuelven estos cuatro datos.

Ahora podemos pasar a la etapa final de esta primera solicitud. Vamos a crear un nuevo componente que mostrará una lista de resultados de nuestra API:

```
// DisplayLocations.jsx
export default function DisplayLocations() {
  const { loading, error, data } = useQuery(GET_LOCATIONS);

  if (loading) return <p>Loading...</p>;
  if (error) return <p>Error : {error.message}</p>;

  return data.locations.map(({ id, name, description, photo }) => (
    <div key={id}>
      <h3>{name}</h3>
      <img width="400" height="250" alt="location-reference"
src={`${photo}`} />
      <br />
      <b>About this location:</b>
      <p>{description}</p>
      <br />
    </div>
  ));
}
```

El hook `useQuery` nos da varias posibilidades, entre ellas saber si nuestra petición se está cargando o si ha fallado. Luego es fácil devolver un mensaje dependiendo de en qué caso estemos, con un simple `if`.

Si todo va bien, recuperará exactamente los datos solicitados en la consulta y podrá navegar por la tabla de resultados. No olvide importar y llamar a este nuevo componente desde el archivo App.jsx.

Hemos dado nuestros primeros pasos con GraphQL y Apollo Client en particular. Antes de seguir adelante, en la siguiente sección veremos una herramienta que ayudará a los que ya tienen una base de datos SQL y una API Rest.

## 2. Creacion de una API con Hasura

Hasura es una plataforma que le permite crear rápidamente APIs GraphQL a partir de sus bases de datos existentes. En esta sección, exploraremos cómo crear una API GraphQL con Hasura y cómo conectarla a una aplicación React. Esta parte será de especial interés para los lectores que quieran partir de un esquema de base de datos SQL. Si ya tiene una base de datos funcionando, puede simplemente conectarla a Hasura.

### Introducción a Hasura

Hasura simplifica el proceso de creación de una API GraphQL generando automáticamente esquemas y consultas a partir de sus bases de datos.

- Configure la conexión a su base de datos proporcionando la información de conexión. Hasura analizará la estructura de su base de datos y generará automáticamente un esquema GraphQL.
- Primero vaya a https://cloud.hasura.io/. Utilice el método de conexión que prefiera o cree una cuenta nueva.

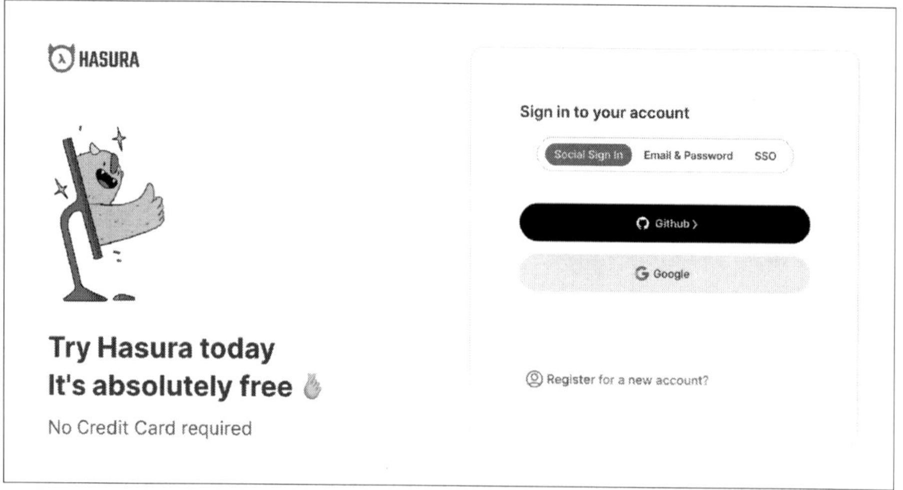


A continuación, puede crear un proyecto. Utilizar Hasura para pequeños proyectos personales es totalmente gratuito. A continuación, se le invita a elegir la región en la que se creará su proyecto.

▶ Tras crear un proyecto, haga clic en el botón **Launch Console** para acceder a todos los parámetros.

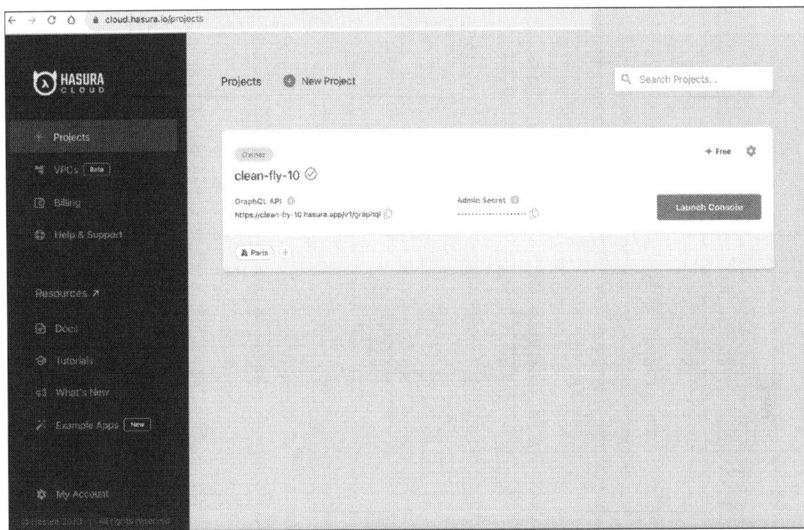


Aquí es donde puede conectarse a una base de datos existente o aprovechar la asociación entre Hasura y Neon para crear una base de datos Postgres y conectarla fácilmente a su proyecto.

▶ Basta con hacer clic en el botón **Connect Neon Database**.

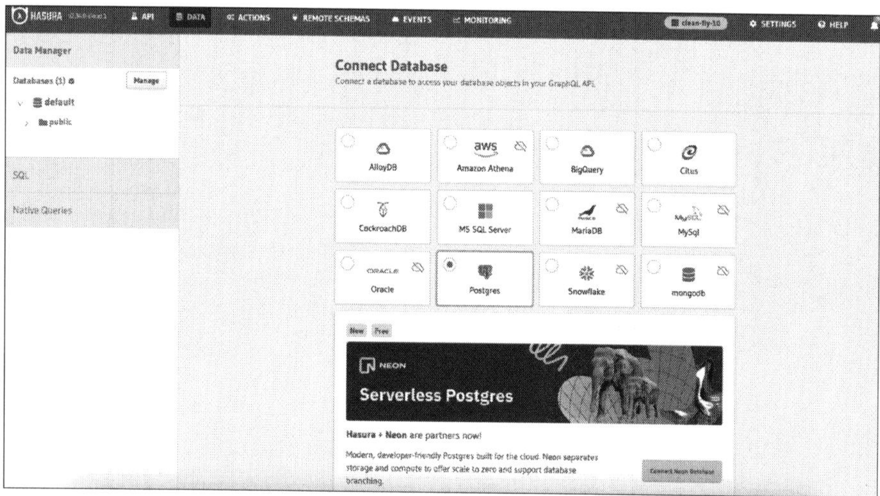

▶ Ahora puede crear una tabla y añadirle datos, pero para ir más rápido, selecciona **default** en la barra lateral. Allí encontrará una lista de plantillas, la primera de las cuales es **Welcome to Hasura**:

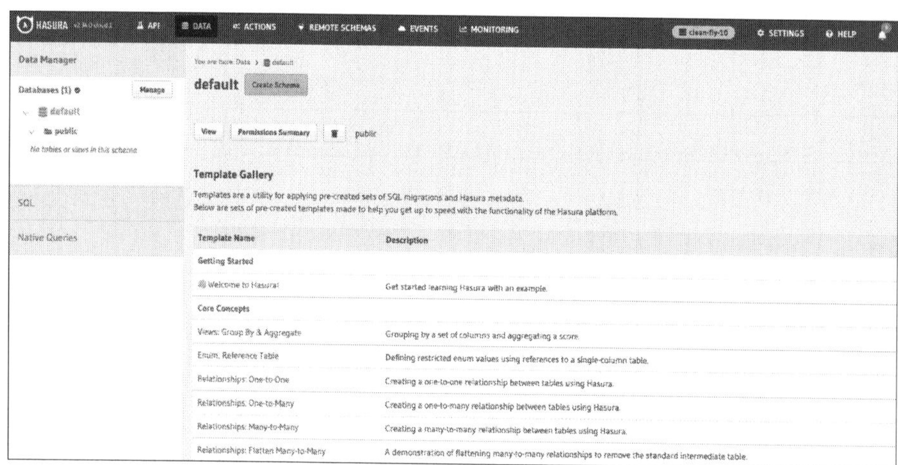

Esto generará no sólo un esquema, sino también los datos con los que podrá interactuar.

A continuación, vuelva a la pestaña **API** para ver que su API GraphQL está lista para recuperar datos.

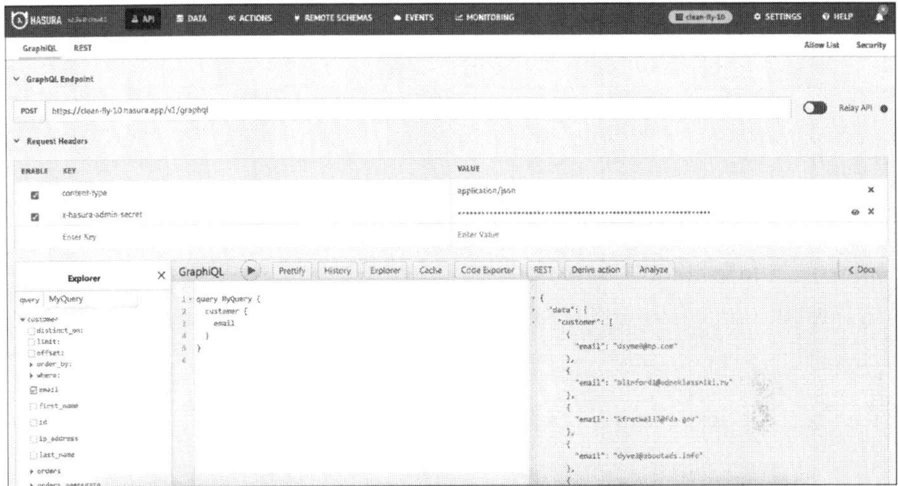

Esta herramienta permite crear consultas utilizando una interfaz gráfica. En el ejemplo mostrado, queremos recuperar todos los correos electrónicos de los clientes. Al marcar la casilla de la izquierda, se genera la consulta y el resultado aparece a la derecha.

**Observación**

*Tenga en cuenta que aquí encontrará su endpoint GraphQL, que es el punto de entrada para su API, así como un encabezado `x-hasura-admin-secret` para consultar la API como administrador.*

Aquí hemos visto una introducción a Hasura y cómo esta plataforma genera una API GraphQL muy fácilmente a partir de una fuente de datos tipo Postgres. Aún quedan muchas funcionalidades por descubrir.

## 3. Llamada a una API con React y Apollo Client

Ahora que ha creado una API GraphQL con Hasura, puedes usar Apollo Client para llamar y recuperar los datos en su aplicación React. Haciendo unos pocos cambios en nuestro código, seremos capaces de mostrar datos de la API.

### 3.1 Configuración del cliente Apollo

En primer lugar, para simplificar el ejemplo, no vamos a entrar en los problemas de autenticación a la API, pero para poder solicitarla, necesitamos añadir al menos una cabecera al cliente Apollo y modificar la URI. Vamos a utilizar la cabecera `x-hasura-admin-secret`, sólo a efectos de prueba:

```
const client = new ApolloClient({
  uri: 'Votre GraphQL Endpoint',
  cache: new InMemoryCache(),
  headers: {
    'x-hasura-admin-secret': `dLc7qqBaW[...]x7bLXlVyB9f`
  }
});
```

### 3.2 Llamada a la API creada con Hasura

Ahora podemos crear un componente que hará una consulta a nuestra nueva API GraphQL alojada en Hasura :

```
// Display.jsx
import { useQuery, gql } from '@apollo/client';

export default function Display() {
  const { loading, error, data } = useQuery(gql`
    query MyQuery {
      customer {
        id
        email
      }
    }
    `);

  if (loading) return <p>Loading...</p>;
```

```
  if (error) return <p>Error : {error.message}</p>;

  return data.customer.map(({ id, email }) => (
    <div key={id}>
      <h3>{email}</h3>
    </div>
  ));
}
```

## 4. Conclusión

GraphQL es una solución que puede satisfacer muchas necesidades. Es importante familiarizarse con esta herramienta y probarla para ver si puede integrarse en su forma de trabajar.

Aquí hemos intentado ver soluciones como Hasura, pero hay muchas más opciones a la hora de trabajar con GraphQL. Estos temas van más allá del alcance de React, pero son muy interesantes, por eso se creó este capítulo.

# Capítulo 12
# Dominar los design patterns de React

## 1. Introducción

Los design patterns son soluciones probadas a problemas recurrentes de diseño de software. En el contexto de React, los design patterns proporcionan modelos de diseño y enfoques para estructurar tus componentes, gestionar el estado, gestionar las interacciones del usuario y mucho más. En los diversos ejemplos del libro, hemos visto algunos de ellos, a veces sin nombrarlos. Esta sección te dará una mejor comprensión de cómo funcionan.

### Lo que puede esperar de este capítulo

Este capítulo se centrará en el uso de patterns y sus ventajas y limitaciones. Es importante tener en cuenta que no existe un design pattern a seguir a la hora de codificar una aplicación React. Esto puede ser un abuso del lenguaje, pero mencionamos aquí varias técnicas que, o bien se mencionan en la documentación como buenas prácticas, o bien se han popularizado dentro de la comunidad.

React y la comunidad de desarrolladores están en constante evolución del ecosistema. A veces las cosas se mueven tan rápido que ciertos patterns ya no son ampliamente utilizados, pero sigue siendo importante entenderlos en caso de que los encuentre. Entre otras cosas, cubriremos:

- Los *Higher-Order Components* (HOC), un enfoque que permite reutilizar la lógica entre distintos componentes;
- Los *render props*, un modelo en el que un componente propaga una función de renderizado a otro componente;
- Los *providers*, para gestionar el estado compartido entre componentes;
- Los componentes container y de presentación, que se utilizan para dividir las responsabilidades entre los componentes de gestión del estado y los componentes de renderización.

Cada uno de estos design patterns será explorado en profundidad, con ejemplos concretos y casos de uso que te ayudarán a entender su implementación y beneficios. Al dominar estos design patterns, podrás desarrollar aplicaciones React más modulares, escalables y mantenibles.

También estará mejor preparado para entender la intención de un desarrollador que le haya precedido en una base de código.

## 2. Higher-Order Components

Los *Higher-Order Components* (HOC) son un design pattern en React que permite reutilizar cierta lógica. Los HOC no están pensados para utilizarse por sí solos; son funciones que toman un componente como argumento y devuelven un nuevo componente con funcionalidad mejorada.

### 2.1 Funcionamiento de los Higher-Order Components

He aquí un ejemplo de la estructura básica de una HOC:

```
function withFeature(WrappedComponent) {
  return function EnhancedComponent(props) {
    // Añadir lógica o propiedades aquí
    return <WrappedComponent {...props} />;
  };
}
```

En este ejemplo, `withFeature` es un HOC que envuelve `WrappedComponent` y devuelve `EnhancedComponent`, un componente mejorado con nuevas capacidades.

**Observación**

*Existe una convención para las HOC, que suelen empezar por la palabra `with`. La idea de una HOC es tomar un componente y devolverlo, con algo extra.*

## 2.2 Qué ofrecen los Higher-Order Components

Los HOC tienen dos puntos fuertes:

- Permiten compartir funcionalidades comunes entre varios componentes, reduciendo así la redundancia de código.
- Pueden utilizarse para dividir una aplicación en componentes independientes, cada uno de los cuales gestiona sus propios estados y lógica. De este modo, podemos respetar el concepto de *separation of concerns*, que significa que cada parte del código es responsable de una única funcionalidad o preocupación.

## 2.3 Casos prácticos de Higher-Order Components

Para gestionar la autenticación antes de mostrar un componente, un HOC es utilizado a menudo. También es posible utilizar este concepto con componentes de clase. Encontrarás esta técnica incluso en proyectos antiguos que no utilizan hooks, aunque pueden ser poco frecuentes. Para este ejemplo, vamos a utilizar un componente de clase:

```
function withAuthentication(WrappedComponent) {
  return class extends React.Component {
    componentDidMount() {
      // Lógica de verificación la autenticación
      if (!userIsAuthenticated()) {
        // Redirige a la página de inicio de sesión, por ejemplo
      }
    }
```

```
      render() {
        return <WrappedComponent {...this.props} />;
      }
    };
  }
```

En este ejemplo, `withAuthentication` es un HOC que añade una capa de verificación de autenticación al componente envuelto. Cuando se monta el componente, comprueba si el usuario está autenticado. Si no lo está, puede redirigir al usuario a una página de inicio de sesión, por ejemplo. Este enfoque centraliza la lógica de autenticación en lugar de duplicarla en varios componentes.

## 2.4 Limitaciones y consideraciones

Aunque las HOC se consideran una herramienta potente en React, presentan ciertas limitaciones y desafíos que es importante comprender y tener en cuenta a la hora de utilizarlas.

### 2.4.1 Los HOC en cascada

Puedes utilizar HOC en cascada, pero debe evitar hacer lo siguiente:

```
const EnhancedComponent = withHOC1(withHOC2(withHOC3(OriginalComponent));
```

En este ejemplo, `OriginalComponent` está envuelto por tres HOC diferentes. Aunque cada HOC añade una funcionalidad distinta, esta cadena de HOC dificulta el seguimiento de la lógica. Además, la legibilidad es realmente pobre.

### 2.4.2 Conflicto de props

El principal problema de un componente modificado por un HOC es que sus props originales pueden sobrescribirse.

He aquí un ejemplo:

```
function withAdditionalInfo(WrappedComponent) {
  return function(props) {
    return <WrappedComponent {...props} importantProp="valor" />;
  };
}
```

```
function withMoreInfo(WrappedComponent) {
  return function(props) {
    return <WrappedComponent {...props} importantProp="otro valor" />;
  };
}

const EnhancedComponent =
withAdditionalInfo(withMoreInfo(OriginalComponent));
```

Aquí, dos HOCs (`withAdditionalInfo` y `withMoreInfo`) añaden o modifican un prop llamado `importantProp`. Cuando se representa `EnhancedComponent`, `importantProp` de `withMoreInfo` anula el de `withAdditionalInfo`. Este conflicto puede provocar comportamientos inesperados y errores difíciles a detectar.

La solución a este problema es « merger » los props:

```
function withAdditionalInfo(WrappedComponent) {
  return function(props) {
    const mergedProps = {
      ...props,
      importantProp: { ...props.importantProp, additional: 'valor' }
    };
    return <WrappedComponent {...mergedProps} />;
  };
}

function withMoreInfo(WrappedComponent) {
  return function(props) {
    const mergedProps = {
      ...props,
      importantProp: { ...props.importantProp, more: 'otro valor' }
    };
    return <WrappedComponent {...mergedProps} />;
  };
}

// Fusiona las contribuciones de withAdditionalInfo y withMoreInfo
const EnhancedComponent =
withMoreInfo(withAdditionalInfo(OriginalComponent));
```

Aquí, en lugar de sobrescribir `importantProp`, cada HOC lo amplía fusionando los nuevos valores con los ya existentes. El resultado es que `OriginalComponent` recibe `importantProp` como un objeto combinado que contiene contribuciones de ambos HOC: `{ additional: 'valor', more: 'otro valor' }`.

## 3. Renderizar props

El design pattern Render Props es una técnica que consiste en pasar una función como prop a un componente, permitiendo al componente obtener datos o comportamiento de esta función. Este pattern promueve la reutilización al permitir que los componentes compartan la lógica sin tener que utilizar los Higher-Order Components.

### 3.1 Cómo funcionan los render props

El principio detrás de los render props es simple: un componente recibe una función como prop, normalmente llamada `render` u otra función específica. Esta función se llama entonces en el componente, permitiendo al componente padre controlar lo que se va a renderizar.

He aquí un ejemplo básico de cómo utilizar los render props :

```
function DataProvider({ render }) {
  const [data, setData] = React.useState(null);

  // Lógica para cargar datos
  const loadData = () => {
    setData('Données chargées');
  };

  // Llama a loadData según la lógica de negocio...

  return render(data);
}
}
```

En este ejemplo, `DataProvider` es un componente funcional que utiliza un render prop `render`. El componente gestiona un estado de datos y llama a `render` para mostrar estos datos.

## 3.2 Cualidades de los render props

El principal uso de los render props es facilitar el uso compartido del estado o la lógica de comportamiento entre componentes. Los render props también ofrecen una flexibilidad considerable en la forma de renderizar y ensamblar los componentes.

## 3.3 Casos de uso de render props

### 3.3.1 Control de los componentes interactivos

Es la solución ideal para crear componentes que controlen la visualización y el comportamiento de otros componentes. Esta técnica se utiliza a menudo para controlar la visualización de los elementos de una lista.

```
function List({ data, renderItem }) {
  return <ul>{data.map(item => renderItem(item))}</ul>;
}

// Utilización
<List
  data={[1, 2, 3]}
  renderItem={item => <li key={item}>{`Item ${item}`}</li>}
/>
```

`List` es un componente funcional que recibe una lista de datos y un render prop `renderItem` para mostrar cada elemento.

### 3.3.2 Gestión del estado o de datos

Los render props pueden encapsular y compartir la lógica de estado o de datos.

```
function Toggle({ children }) {
  const [on, setOn] = React.useState(false);

  const toggle = () => setOn(!on);

  return children({ on, toggle });
}

// Utilización
<Toggle>
  {({ on, toggle }) => (
    <button onClick={toggle}>
      {on ? 'ON' : 'OFF'}
    </button>
  )}
</Toggle>
```

`Toggle` gestiona un estado `ON` y proporciona este estado y una función `toggle` a sus hijos a través de un render prop.

El aspecto clave de `Toggle` es su render prop, que pasa el estado `ON` y la función `Toggle` a su contenido hijo. Esto permite a los usuarios del componente `Toggle` definir cómo desean renderizar el estado `ON`, ofreciendo una gran flexibilidad. En el ejemplo dado, `Toggle` controla un botón cuyo texto y estado cambian según el valor de `ON`. Cada clic en el botón invierte el estado.

Este pattern separa la lógica de estado de la renderización, lo que convierte a `Toggle` en un componente reutilizable que puede adaptarse a diferentes contextos de interfaz de usuario.

## 3.4 Limitaciones y consideraciones

Una vez más, para mantener la legibilidad, no se debe abusar de esta técnica:

```
<DataSource render={data => (
  <Filter data={data} renderFiltered={filteredData => (
    <ListView data={filteredData} renderItem={item => (
      <Item data={item} />
    )} />
  )} />
)}
/>
```

Los render props también pueden causar problemas de rendimiento, en particular debido al re-renderizado es innecesario. Esto suele ocurrir cuando las funciones de renderizado se declaran dentro del render o JSX, lo que da lugar a la creación de una nueva función para cada renderizado:

```
<SomeComponent render={() => (
 <AnotherComponent someProp={this.state.someValue} />
)} />
```

En este ejemplo, la función pasada a `render` se vuelve a crear cada vez que se renderiza `SomeComponent`, lo que puede provocar que `AnotherComponent` se vuelva a renderizar innecesariamente, aunque `someValue` no haya cambiado.

En resumen, los render props son una forma excelente de compartir lógica y comportamiento entre componentes, a la vez que ofrecen una gran flexibilidad. Pueden ser una potente alternativa a los Higher-Order Components y son especialmente adecuados cuando se necesita una personalización precisa del renderizado de los componentes.

## 4. Provider

El design pattern Provider es un enfoque para gestionar y compartir el estado entre diferentes componentes sin tener que pasar datos manualmente a través de props.

Esta técnica permite pasar datos o funciones a través de la arborescencia de componentes sin tener que pasarlos explícitamente a cada nivel mediante props. Este modelo utiliza el contexto de React para proporcionar un valor (datos o funciones) a componentes situados más abajo en la arborescencia de componentes.

### 4.1 Funcionamiento del Provider Pattern

El Provider Pattern se basa en la noción de «proveedor» de datos. Un componente Provider se coloca en la parte superior de la arborescencia de componentes, generalmente cerca de la raíz de la aplicación. Este componente proporciona un contexto que puede ser consumido por los componentes hijos sin tener que transmitirlo a través de los props.

```
const MyContext = React.createContext(defaultValue);

function MyProvider({ children, value }) {
  return <MyContext.Provider value={value}>{children}</
MyContext.Provider>;
}
```

En este ejemplo, `MyProvider` es un componente que utiliza `MyContext.Provider` para pasar `value` a sus hijos y a todos los descendientes interesados.

### 4.2 Ventajas del Provider Pattern

El Provider Pattern permite compartir datos o funciones de forma eficiente a través de la arborescencia de componentes, eliminando la necesidad de*prop drilling* (en otras palabras, pasar props a través de varios niveles de componentes). También ayuda a centralizar la gestión del estado o funciones en un único lugar.

## 4.3 Casos prácticos del Provider Pattern

### Gestión del estado global

El Provider Pattern se utiliza a menudo para gestionar un estado global en una aplicación, como un tema, las preferencias del usuario o los datos de autenticación. También se puede utilizar para compartir funciones, como los *callbacks* o controladores de eventos, en toda la arborescencia de componentes.

```
<MyProvider value={{ theme: 'dark', toggleTheme: () => {/* ... */} }}>
  <App />
</MyProvider>
```

En este ejemplo, `MyProvider` proporciona un tema y una función para cambiarlo, accesible a cualquier componente descendiente de `App`.

## 4.4 Limitaciones y consideraciones

Configurar el Provider Pattern puede ser inicialmente complejo y puede requerir un conocimiento profundo de la gestión de contextos en React.

Además, el uso excesivo del Provider Pattern puede dificultar la depuración y la supervisión del estado, ya que los datos no son transmitidos explícitamente por los accesorios.

Por último, y en algunos casos, un uso inadecuado puede provocar una nueva renderización innecesaria, sobre todo si los consumidores de contexto no están optimizados para evitar actualizaciones innecesarias.

En conclusión, el Provider Pattern en React es una poderosa herramienta para compartir datos y funciones a través de la arborescencia de componentes. Ofrece una forma eficaz de gestionar el estado global y centralizar la lógica, al tiempo que reduce la complejidad de la prop drilling. Sin embargo, una comprensión clara de cómo funciona y su uso juicioso son esenciales para evitar problemas de rendimiento y mantenimiento.

# 5. Componentes container y de presentación

Los componentes containers, también conocidos como «componentes inteligentes» o *smart components*, se centran en cómo funcionan las cosas. Proporcionan datos y comportamiento a los componentes de presentación o a otros componentes hijos.

Los componentes de presentación, también conocidos como «componentes tontos» o *dumb components*, se centran en el aspecto visual de la interfaz de usuario. Reciben datos y callbacks principalmente a través de props y los renderizan de forma declarativa.

## 5.1 Componentes container

Los componentes container son responsables de la lógica y la gestión del estado. A menudo están conectados a fuentes de datos externas, como stores Redux o APIs. Se encargan de las operaciones de recuperación, manipulación y actualización del estado de los datos. A continuación, pasan los datos necesarios a los componentes de presentación a través de las props.

He aquí un ejemplo:

```
function UserListContainer() {
  const [users, setUsers] = useState([]);

  React.useEffect(() => {
    // Lógica para cargar los datos de usuario
  }, []);

  return <UserList users={users} />;
}
```

`UserListContainer` es un componente container. Se encarga de cargar y gestionar el estado de los usuarios y, a continuación, pasa estos datos al componente de presentación `UserList`.

## 5.2 Componentes de presentación

Los componentes de presentación se centran en la interfaz de usuario y la visualización de datos. Estos reciben datos y comportamientos de los componentes containers en forma de props. Los componentes de presentación no conocen las fuentes de datos subyacentes ni la lógica empresarial. Se centran únicamente en cómo mostrar los datos e interactuar con el usuario.

Siguiendo con el ejemplo anterior, este es el aspecto que podría tener el componente de presentación `UserList`:

```
function UserList({ users }) {
  return (
    <ul>
      {users.map(user => <li key={user.id}>{user.name}</li>)}
    </ul>
  );
}
```

Este componente de presentación recibe una lista de usuarios a través de los props y simplemente los muestra; no gestiona ninguna lógica de estado ni comportamiento interno.

## 5.3 Qué ofrecen el componente container y los de presentación

Una vez más, esta técnica se basa en una buena idea, la separación de preocupaciones. Los componentes de presentación se reutilizan a menudo en diferentes contextos.

Pero con librerías como React Query o SWR, la recuperación de datos se simplifica enormemente y, en algunos casos, elimina por completo la necesidad de utilizar este pattern.

### 5.4 Casos prácticos de componentes container y de presentación

Los componentes containers pueden gestionar operaciones de ordenación y filtrado, mientras que los componentes de presentación se centran en mostrar elementos.

En los formularios, podríamos imaginar componentes containers que gestionen la validación y el envío del formulario, y componentes de presentación que muestren los campos y los mensajes de error.

### 5.5 Limitaciones y consideraciones

Aunque esta separación ofrece muchas ventajas, es importante abordarla con flexibilidad. Una distinción demasiado rígida puede generar una complejidad innecesaria y dificultades en la gestión de los props.

En conclusión, el uso de componentes containers y de presentación en React es una práctica común que contribuye a una mejor organización y mantenibilidad del código. Sin embargo, es esencial encontrar el equilibrio adecuado para cada proyecto.

## 6. Hooks

Los hooks son una importante innovación introducida en React para permitir que los componentes funcionales gestionen el estado local, los efectos y otras funcionalidades antes reservadas a los componentes de clase. Los hooks ofrecen una forma más elegante y concisa de escribir código React al evitar la complejidad de las jerarquías de componentes anidados y promover la reutilización lógica.

## 6.1 Conceptos básicos del pattern Hooks

El pattern Hooks en React se refiere al uso de funciones especiales, llamadas hooks, para reutilizar la lógica de estado entre varios componentes de una aplicación. Este enfoque es especialmente útil para añadir estado a un componente funcional, gestionar la lógica de estado entre varios componentes y gestionar el ciclo de vida de un componente.

## 6.2 Hooks personalisados

Además de los hooks incorporados, React permite crear hooks personalizados. Estos pueden encapsular y compartir la lógica de estado o comportamientos específicos, lo que facilita su reutilización en varios componentes de la aplicación.

He aquí un ejemplo:

```
function useHover() {
  const [hovered, setHovered] = React.useState(false);

  const onMouseEnter = () => setHovered(true);
  const onMouseLeave = () => setHovered(false);

  return { hovered, onMouseEnter, onMouseLeave };
}
```

Este hook personalizado `useHover` se utiliza para determinar si el ratón pasa por encima de un elemento. Encapsula la lógica de estado (`hovered`), así como los controladores de eventos (`onMouseEnter` y `onMouseLeave`) y se puede reutilizar en diferentes componentes para gestionar el comportamiento superposición.

En un componente:

```
function MyComponent() {
  const { hovered, onMouseEnter, onMouseLeave } = useHover();

  return (
    <div onMouseEnter={onMouseEnter} onMouseLeave={onMouseLeave}>
      {hovered ? "Hovered" : "Not hovered"}
    </div>
  );
}
```

Aquí, `MyComponent` utiliza el hook `useHover` para gestionar el estado hover. Este patrón muestra cómo los hooks personalizados pueden simplificar la gestión del estado y el comportamiento en componentes funcionales.

## 6.3 Extracción lógica

Pongamos otro ejemplo. Supongamos que tenemos un componente que gestiona un contador con una lógica de incremento y reinicio:

```
function CounterComponent() {
  const [count, setCount] = React.useState(0);

  const increment = () => setCount(c => c + 1);
  const reset = () => setCount(0);

  return (
    <div>
      <p>Count: {count}</p>
      <button onClick={increment}>Increment</button>
      <button onClick={reset}>Reset</button>
    </div>
  );
}
```

Aquí, `CounterComponent` es un componente funcional que utiliza `useState` para gestionar un contador. Contiene funciones de `increment` y `reset` para modificar el estado del `count`.

Podemos extraer esta lógica de contador en un hook personalizado para facilitar su reutilización:

```
function useCounter(initialValue = 0) {
  const [count, setCount] = React.useState(initialValue);

  const increment = () => setCount(c => c + 1);
  const reset = () => setCount(0);

  return { count, increment, reset };
}
```

useCounter es nuestro hook personalizado que encapsula toda la lógica de gestión del contador. Proporciona el estado del count, así como las funciones de increment y reset.

En un componente, ahora podemos utilizar nuestro hook de la siguiente manera:

```
function CounterComponent() {
  const { count, increment, reset } = useCounter();

  return (
    <div>
      <p>Count: {count}</p>
      <button onClick={increment}>Increment</button>
      <button onClick={reset}>Reset</button>
    </div>
  );
}
```

CounterComponent utiliza ahora el hook useCounter para gestionar el contador. Este enfoque simplifica el componente al extraer la lógica de estado y las funciones asociadas en un hooks reutilizable.

Este ejemplo muestra cómo se puede utilizar el pattern Hooks para extraer y encapsular la lógica de estado y funciones en hooks personalizados. Esto hace que el código sea más limpio, más modular y fomenta la reutilización de funcionalidades entre componentes en una aplicación React.

El pattern Hooks es una técnica que puede sustituir a otros patterns en muchos casos. Sin embargo, esto no significa que sea siempre la mejor o la única solución. La selección del pattern adecuado debe guiarse por las características específicas del proyecto, la naturaleza de la lógica que se va a compartir y las preferencias del equipo de desarrollo.

Como con cualquier herramienta de desarrollo, la clave está en encontrar el equilibrio adecuado entre sencillez, facilidad de mantenimiento y eficacia. Lo único a lo que tiene que prestar atención es a las reglas en torno a los hooks.

# Capítulo 13
# Probar una aplicación React

## 1. Uso de Jest y React Testing Library

Las pruebas son una etapa esencial en el desarrollo de aplicaciones para garantizar que el código funciona correctamente, mantener la calidad del software y evitar regresiones. Jest y React Testing Library son dos herramientas populares y muy utilizadas para probar aplicaciones React. Por supuesto, existen otras soluciones como Cypress y Playwright, cada vez más populares en el mundo del desarrollo de aplicaciones web.

### 1.1 Introducción a Jest

Jest es un framework de pruebas desarrollado por Facebook para aplicaciones JavaScript, incluyendo React. Tiene la ventaja de funcionar de forma sencilla, con poca o sin ninguna configuración y con rapidez gracias a su capacidad para ejecutar pruebas en paralelo.

### 1.2 Instalación de Jest

- Para utilizar Jest en su proyecto React, necesitas instalarlo a través de npm o yarn :

```
npm install --save-dev jest @testing-library/react @testing-
library/jest-dom jest-environment-jsdom
```

- A continuación, cree un archivo de configuración babel.config.js para permitir que Jest entienda JSX :

```
module.exports = {
  presets: [
    '@babel/preset-env',
    ['@babel/preset-react', {runtime: 'automatic'}],
  ],
};
```

### 1.3 Escribir pruebas con Jest y React Testing Library

- Cree un archivo de prueba con la extensión .test.js para su componente a probar; por ejemplo, MiComponente.test.js.

Este es el aspecto del código para las pruebas con Jest :

```
import React from 'react';
import { render, screen } from '@testing-library/react';
import MyComponent from './MyComponent'; // Importa tu
componente

test('affiche correctement le texte', () => {
  render(<MyComponent />);
  const texteElement = screen.getByText(/Hello, Jest/);
  expect(texteElement).toBeInTheDocument();
});
```

En el ejemplo, `render` se utiliza para preparar el componente para su visualización, mientras que `screen` se utiliza para interrogar al componente una vez que se ha renderizado.

## 1.4 Ejecución de pruebas

- Para ejecutar sus pruebas, utilice el script de prueba (si ha optado por añadirlo a su paquete .json) o utilice el comando jest:

```
npm test
```

O :

```
npx jest
```

## 1.5 Jest y React Testing Library

Jest es fácil de configurar y utilizar, por lo que es una excelente opción para los desarrolladores. Está diseñado para trabajar en armonía con React proporcionando servicios de gestión de mock y de gestión de tiempo para controlar mejor la ejecución de las pruebas.

React Testing Library proporciona utilidades para probar componentes React, centrándose en el comportamiento del usuario más que en los detalles de implementación.

## 1.6 Limitaciones y consideraciones

Probar funcionalidades más complejas, como interacciones con un estado global, puede requerir más configuración y lógica de prueba.

Usando Jest y la React Testing Library, permite garantizar que sus componentes React funcionan como se espera y detectar rápidamente cualquier error. Al escribir pruebas para sus componentes, puede mejorar la calidad de su código, la fiabilidad de su aplicación y facilitar el mantenimiento a largo plazo.

## 2. Escribir su primera prueba

Cuando empiece a probar una aplicación React, debe empezar con pruebas sencillas para familiarizarse con el proceso.

### 2.1 Configuración básica

- Asegúrese de que tiene Jest y React Testing Library instalados en su proyecto, como se explica en la sección anterior.

También es posible crear una configuración automáticamente mediante el siguiente comando:

```
npx jest --init
```

A continuación, tendrá la opción de configurar Jest en relación con su entorno y obtendrá un archivo de configuración. Usted puede elegir los valores por defecto propuestos, excepto para el medio ambiente, seleccione `jsdom` cuando usted está probando el front-end de una aplicación web.

### 2.2 Escribir su primera prueba

Supongamos que tiene un componente sencillo llamado `HelloWorld` que deseamos probar. He aquí cómo escribir su primera prueba para este componente.

HelloWorld.js:

```
import React from 'react';

const HelloWorld = () => {
  return <div>¡Hello, World!</div>;
};

export default HelloWorld;
```

HelloWorld.test.js :

```
import React from 'react';
import { render, screen } from '@testing-library/react';
```

```
import '@testing-library/jest-dom';

import HelloWorld from './HelloWorld';

test('muestra correctamente el mensaje "¡Hello, World!"', () => {
  render(<HelloWorld />);
  const messageElement = screen.getByText(/¡Hello, World!/i);
  expect(messageElement).toBeInTheDocument();
});
```

## 2.3 Explicación de la prueba

En el archivo HelloWorld.test.js, utilizamos el método `render` de la biblioteca `@testing-library/react` para renderizar el componente `HelloWorld`.

A continuación, utilizamos la función `screen.getByText` para recuperar el elemento que contiene el texto " ¡Hello, World!"

Por último, utilizamos `expect` para gestionar las aserciones, para comprobar que el elemento está realmente presente en el documento, es decir, que se renderiza y se muestra en la pantalla.

## 2.4 Ejecución de la prueba

▶ Ejecute la prueba utilizando el siguiente comando en su terminal:

```
npm test
```

Si todo está configurado correctamente y su prueba está escrita correctamente, debería ver una salida indicando que la prueba ha pasado:

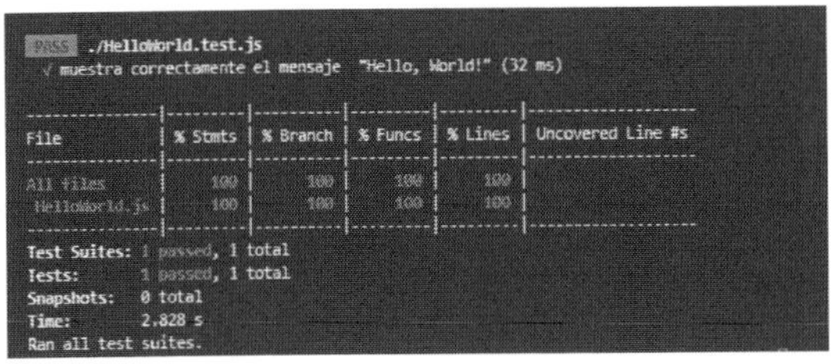

```
PASS ./HelloWorld.test.js
  √ muestra correctamente el mensaje "Hello, World!" (32 ms)

---------------|---------|----------|---------|---------|-------------------
File           | % Stmts | % Branch | % Funcs | % Lines | Uncovered Line #s
---------------|---------|----------|---------|---------|-------------------
All files      |     100 |      100 |     100 |     100 |
 HelloWorld.js |     100 |      100 |     100 |     100 |
---------------|---------|----------|---------|---------|-------------------
Test Suites: 1 passed, 1 total
Tests:       1 passed, 1 total
Snapshots:   0 total
Time:        2.828 s
Ran all test suites.
```

### 2.5 ¿Por qué esta sencilla prueba?

Esta sencilla prueba valida que tu componente `HelloWorld` se renderiza correctamente y muestra el mensaje esperado. Aunque es básica, le familiarizara con el proceso de pruebas usando Jest y la React Testing Library. Luego puede desarrollar estas habilidades para probar características más complejas e interacciones de usuario.

### 2.6 Limitaciones y consideraciones

Esta prueba se limita a comprobar si el texto "¡Hello, World!" está presente en el documento. Para pruebas más exhaustivas, tendrá que probar las interacciones del usuario (como hacer clic en un botón, por ejemplo) o la gestión de los distintos estados del componente (activo o inactivo, cambio de color, etc.).

En algunos proyectos, no hay pruebas de los componentes y su visualización, sino sólo pruebas que cubren la lógica de negocio. La lógica empresarial se extrae en hooks personalizados, que luego se prueban exhaustivamente. Una vez que haya comprendido las pruebas y aserciones, sabrá cómo probar una función y verificar un resultado esperado. Depende de usted elegir la estrategia de pruebas.

Escribir su primera prueba es un paso crucial para dominar las pruebas de aplicaciones React. Empezando con pruebas sencillas, puede ampliar gradualmente sus habilidades para cubrir escenarios más complejos.

## 3. Probar los componentes con Cypress

Cypress es una herramienta de pruebas utilizada a menudo para probar *end-to-end* (escenarios de extremo a extremo). Le permite probar sus aplicaciones web a través de diferentes escenarios e interacciones de usuario. A diferencia de Jest y React Testing Library, que se centran en pruebas unitarias, Cypress se centra más en pruebas de integración y de end-to-end.

## 3.1 Configuración básica

Asegúrase de que tienes Node.js instalado y su proyecto React listo para las pruebas. También debería haber creado e iniciado una aplicación React, ya que Cypress ejecuta las pruebas en un navegador real.

## 3.2 Instalación de Cypress

- Instale Cypress como dependencia de desarrollo en su proyecto:

```
npm install --save-dev cypress
```

## 3.3 Escribir pruebas con Cypress

Cypress utiliza una sintaxis fluida para escribir pruebas.

- Cree una carpeta llamada cypress/integration en la raíz de su proyecto para almacenar sus archivos de prueba.

cypress/integration/MyComponent.spec.js :

```
describe('Test du composant MyComponent', () => {
  it('affiche le texte "Hello, Cypress"', () => {
    cy.visit('http://localhost:3000'); // Asegúrate de que la URL
es correcta
    cy.contains('Hello, Cypress').should('be.visible');
  });
});
```

La función `describe()` se utiliza para definir un escenario, `it()` para describir una prueba y `expect()` para gestionar las aserciones.

### 3.4 Ejecución de pruebas

▶ Ejecute Cypress utilizando el siguiente comando en su terminal:

```
npx cypress open
```

Esto abrirá la ventana de Cypress, donde puede seleccionar el archivo de prueba MyComponent.spec.js y ver cómo se ejecutan las pruebas.

### 3.5 Qué ofrece Cypress

En primer lugar, Cypress permite probar escenarios completos de interacción con el usuario, similares a los que haría un usuario real.

Proporciona una interfaz visual para ver cómo se ejecutan las pruebas y diagnosticar los problemas. También ofrece un panel de control para administrar las pruebas.

Por último, puede utilizar el modo de depuración para inspeccionar el estado de su aplicación cuando se ejecutan las pruebas.

### 3.6 Limitaciones y consideraciones

Necesitarás configurar Cypress para gestionar ciertas situaciones específicas de su aplicación a través de un archivo de configuración cypress.config.js. Estas pueden incluir la gestión de la base de URL, para definir cómo se ejecutará la aplicación, o la gestión de vídeos (cuando las pruebas fallan, puedes definir una ruta a un directorio donde se guardarán los vídeos).

Las pruebas de end-to-end pueden resultar complejas y lentas al ejecutarse si se prueban muchos escenarios.

Cypress es una excelente herramienta para probar las interacciones del usuario. Aunque es diferente de Jest y React Testing Library, complementa eficazmente su conjunto de pruebas al permitirle comprobar todo el flujo de la aplicación. Utilícelo para validar que toda su aplicación funciona correctamente y proporciona una experiencia de usuario coherente.

## 3.7 Playwrigh, la alternativa a Cypress

Playwright es una biblioteca de código abierto diseñada para automatizar y facilitar las pruebas end-to-end y la manipulación de los navegadores web. Sirve como alternativa a Cypress y ofrece un enfoque flexible y potente para las pruebas automatizadas y los escenarios de interacción con aplicaciones web modernas.

Playwright es compatible con varios navegadores populares, como Chrome, Firefox, Safari y Microsoft Edge. Esto permite a los desarrolladores y probadores asegurarse de que sus aplicaciones funcionan de forma coherente en distintas plataformas de navegador.

Estas son algunas de las principales características de Playwright:

- Una API completa: la API de Playwright ofrece una amplia gama de funciones para automatizar interacciones complejas con los navegadores, como la navegación, la introducción de texto, los clics en elementos, las acciones del ratón, las capturas de pantalla y mucho más.
- Aislamiento de contextos: Playwright crea contextos de navegación aislados para cada prueba, lo que ayuda a gestionar los problemas de contaminación de estado y a mejorar la estabilidad de las pruebas.
- Compatibilidad con la ejecución en paralelo: Playwright admite la ejecución en paralelo de las pruebas, lo que acelera considerablemente el proceso de prueba y reduce el tiempo necesario para obtener información.
- Emulación de dispositivos: puede emular diferentes configuraciones de dispositivos (como smartphones y tabletas) para probar la capacidad de respuesta y adaptabilidad de su aplicación.
- Modo de grabación: Playwright ofrece un modo de grabación que registra las acciones de un usuario real en un sitio web y genera código automatizado a partir de estas acciones.

Playwright destaca por ofrecer una solución flexible y potente para pruebas automatizadas e interacción con navegadores web. Su capacidad para funcionar en varios navegadores, su API completa y sus características avanzadas lo convierten en una opción atractiva para que puedas probar si quiere ver algo diferente a Cypress.

## 4. Conclusión

Las pruebas desempeñan un papel crucial en el desarrollo de aplicaciones React de alta calidad. Garantizan que su código funcione como se espera, reducen los errores y facilitan el mantenimiento continuo.

### 4.1 La importancia de las pruebas

Las pruebas garantizan la estabilidad y fiabilidad de su aplicación, incluso cuando realiza cambios. Identifican posibles errores y fallos antes de que se conviertan en problemas graves. También sirven como documentación viva de su código, explicando cómo debería funcionar. A veces se dice que otro desarrollador debería ser capaz de entender su aplicación con sólo leer las pruebas.

### 4.2 Elección del método de prueba

Las pruebas unitarias con Jest y React Testing Library son excelentes para validar el comportamiento individual de los componentes.

Las pruebas de aceptación con Cypress o Playwright le permiten probar las interacciones de los usuarios y los escenarios completos de su aplicación.

### 4.3 Buenas prácticas de prueba

- Escriba pruebas claras, concisas e independientes entre sí.
- Céntrese en los comportamientos y escenarios esenciales de su aplicación.
- Utilice nombres descriptivos para sus pruebas que le ayuden a comprender su finalidad.
- Asegúrese de que sus pruebas se pueden mantener y ampliar fácilmente.

## 4.4 Integración y despliegue continuos

La integración continua (CI) y el despliegue continuo (CD) son prácticas esenciales para automatizar las pruebas. Se integran con el proceso de desarrollo para ejecutar las pruebas automáticamente en cada cambio de código y desplegar su aplicación con confianza.

## 4.5 Evolución de las pruebas

Las pruebas son un proceso continuo y en evolución. A medida que su aplicación evoluciona, necesita actualizar sus pruebas para reflejar las nuevas características y cambios. Manténgase atento a la evolución de su aplicación y asegúrese de que sus pruebas están actualizadas.

En conclusión, las pruebas tienen una gran importancia en el desarrollo de aplicaciones React de éxito. Le ayudan a crear una base sólida, identificar problemas rápidamente y mantener la calidad de su código. Mediante el uso de herramientas como Jest, React Testing Library y Cypress, puede garantizar que su aplicación se ejecute de forma coherente, fiable y conforme a las especificaciones. Esto es aún más importante en un entorno colaborativo.

# Conclusión

## 1. Ir más allá

### 1.1 Explorar áreas relacionadas

#### React Native

Si le interesa el desarrollo de aplicaciones móviles, sumérjase en React Native para crear aplicaciones para iOS y Android utilizando las habilidades que ha aprendido con React. No dude en explotar toda la potencia del ecosistema Expo.

#### Next.js

Profundice en sus conocimientos de Next.js explorando sus funcionalidades más avanzadas, como el renderizado del lado del servidor, la generación de sitios estáticos y la integración con bibliotecas de terceros. Solo durante la redacción de este libro se han producido numerosos avances.

#### GraphQL

Continúe su aprendizaje explorando GraphQL con más detalle, descubriendo conceptos avanzados como las suscripciones en tiempo real y la gestión detallada de los datos.

## 1.2 Contribuir a la comunidad

Contribuya al desarrollo de React ayudando a resolver problemas, enviando pull requests y compartiendo sus conocimientos con la comunidad. O, sin trabajar necesariamente en React, únase a proyectos que lo utilicen. Los proyectos de código abierto son una forma excelente de mejorar sus habilidades y contribuir a una tecnología que le gusta.

## 1.3 Crear proyectos personales

Pon en práctica lo que ha aprendido creando sus propios proyectos. Ya hemos visto lo fácil que es crear un proyecto hoy en día; con Vite es cuestión de segundos. Crea cientos de proyectos a los que podrás echar la vista atrás dentro de unos años y darse cuenta de lo lejos que ha llegado. Ya sea una aplicación web, una aplicación móvil o incluso un sitio web personal, no hay nada mejor que aprender haciendo.

## 1.4 Participación en eventos y conferencias

Asiste a conferencias y eventos sobre React siempre que pueda para estar al día de las últimas tendencias, conocer a otros desarrolladores y aprender de expertos en la materia.

## 1.5 Experimentar con nuevas tecnologías

Mantente abierto a aprender nuevas tecnologías relacionadas como Redux, MobX, TypeScript y más. Estas habilidades pueden enriquecer tu caja de herramientas de desarrollo.

## 2. Despliegue con Netlify

El proceso de despliegue es un paso crucial para poner en línea sus aplicaciones React y hacerlas accesibles al público. Netlify es una plataforma de despliegue sencilla y potente que facilita el despliegue de aplicaciones React y otros tipos de proyectos web. En esta sección, veremos cómo desplegar su aplicación React con Netlify.

### 2.1 Creación de un proyecto y compilación

Vamos a utilizar Vite para generar un proyecto React.

- Utilice el siguiente comando y siga las instrucciones:

```
npm create vite@latest
```

- Realice algunos cambios en los archivos y personalice la página. Asegúrese de que su aplicación React esté lista para la producción. Si aún no lo ha hecho, cree una compilación de producción usando:

```
npm run build
```

Esto generará una carpeta `dist` que contendrá una versión optimizada de su aplicación.

### 2.2 Crear una cuenta Netlify

- Si aún no tiene una cuenta Netlify, empiece por crear una en la página web de Netlify: https://www.netlify.com/

### 2.3 Configuración del despliegue

- Ahora instale la herramienta de línea de comandos Netlify :

```
npm install netlify-cli -g
```

- A continuación, indique a Netlify que desea conectarse a la cuenta que creó anteriormente mediante el comando:

```
netlify login
```

Se abrirá un navegador en la página de conexión de Netlify, tras lo cual sólo tendrá que autorizar el terminal.

## 2.4 Despliegue

- Este es el momento tan esperado en el que puede desplegar su sitio desde su terminal utilizando el archivo:

```
netlify deploy
```

**Observación**

*Cuando la herramienta le pregunte por el « Publish directory », deberá indicarle dónde se encuentran sus archivos de compilación. En nuestro caso, con la configuración básica de Vite, la carpeta se llama dist.*

Gracias a unos sencillos pasos y a la ayuda de Netlify, su sitio está ahora en línea, accesible a través de la URL proporcionada por netlify-cli. Ahora puede explorar en profundidad las características de Netlify para optimizar y mejorar su sitio. En particular, puede utilizar un dominio personalizado.

Netlify ofrece una serie de funcionalidades, como el despliegue automático y la posibilidad de utilizar un dominio personalizado.

Usando Netlify, puede desplegar sus aplicaciones React rápidamente y sin complicaciones, mientras se beneficia de una amplia gama de características para mejorar el proceso de despliegue y la gestión de su aplicación en producción.

## 3. Utilizar una biblioteca de componentes

Al desarrollar aplicaciones React, es habitual utilizar bibliotecas de componentes preconstruidos para acelerar el proceso de creación de interfaces de usuario coherentes y estéticamente agradables.

### 3.1 ¿Por qué utilizar una biblioteca de componentes?

Las bibliotecas conocidas proporcionan elementos de interfaz de usuario preconfigurados y estilizados que puede incorporar fácilmente a su aplicación, ahorrando tiempo de desarrollo. Garantizan la coherencia visual en toda la aplicación, ya que todos los componentes están diseñados para trabajar juntos y seguir un estilo visual coherente.

Como los componentes son probados y utilizados por muchos desarrolladores, hay menos posibilidades de introducir errores.

### 3.2 Ejemplos de bibliotecas de componentes

El primero es Material-UI. Se trata de una biblioteca basada en el diseño Material de Google. Ofrece una amplia gama de componentes, estilos personalizables y temas.

Ant Design también es una solución muy popular, ya que ofrece una gran variedad de componentes y modelos predefinidos.

Por último, Chakra UI es una biblioteca de componentes centrada en la facilidad de uso y la accesibilidad. Ofrece una amplia gama de componentes con estilos personalizables.

### 3.3 Limitaciones

Aunque las bibliotecas de componentes pueden ser muy útiles, también pueden añadir sobrecarga de código a su aplicación si sólo utiliza una pequeña parte de su funcionalidad. Tenga cuidado con el tamaño de su bundle.

Al utilizar una biblioteca de componentes, puede acelerar el proceso de desarrollo, mejorar la coherencia visual y ofrecer una mejor experiencia de usuario en sus aplicaciones React. Tómese su tiempo para elegir la biblioteca que mejor se adapte a sus necesidades y asegúrese de no sobrecargar innecesariamente su aplicación con componentes no utilizados.

## 4. Recursos de lectura complementaria

Enhorabuena por leer este libro y adquirir un sólido conocimiento de React y sus diversas características. Si quieres seguir explorando y profundizando sus conocimientos de React, aquí tienes algunos recursos que pueden resultarte útiles.

### 4.1 Documentación oficial

La documentación oficial de React (https://react.dev/) es un recurso esencial para todos los desarrolladores de React. Ofrece explicaciones detalladas de los conceptos básicos, las API y las mejores prácticas.

### 4.2 Blogs

Muchos blogs y sitios web ofrecen tutoriales y artículos en profundidad sobre React. Cubren temas avanzados, consejos y casos de uso específicos. Aquí tiene algunos ejemplos:

- Blog oficial de React (https://reactjs.org/blog)
- Boletín Esta semana en React (https://thisweekinreact.com/fr/)
- Dev.to (https://dev.to/t/react)
- https://www.developerway.com/

## 4.3 Vigilancia tecnológica

El campo del desarrollo web evoluciona rápidamente. asegúrese de estar al día de las nuevas versiones de React, las nuevas funciones y las tendencias actuales en el desarrollo front-end.

Al seguir explorando estos recursos y desarrollando sus habilidades, se convertirá en un desarrollador React más competente y seguro, capaz de crear aplicaciones web modernas y reactivas. ¡Buena suerte en su viaje de aprendizaje y desarrollo de React!

C

# D



# E

# F



# G

## J



## L

## R

Para poder acceder durante un año
a la versión online de este libro,
envíenos su justificante de compra a

**librodigital@ediciones-eni.com**

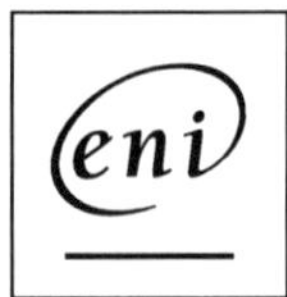

eni

Biblioteca
Online
E-formaciones
Lucía ROMERO
¡Comencemos!
Novedades en libros, tutoriales y vídeos
Kubernetes
Linux
Seguridad
informática
Ethical Hacking
9,90€
el 1er mes
29,99€*
los siguientes meses